股票作手操盘术

[美]杰西·利弗莫尔◎著　王远◎译

群言出版社
QUNYAN PRESS
·北京·

图书在版编目（CIP）数据

股票作手操盘术 /（美）杰西·利弗莫尔著；王远译. -- 北京 : 群言出版社，2018.4（2025.6 重印）
ISBN 978-7-5193-0254-2

Ⅰ. ①股… Ⅱ. ①杰… ②王… Ⅲ. ①股票交易－基本知识 Ⅳ. ① F830.91

中国版本图书馆 CIP 数据核字（2018）第 129028 号

责任编辑：李 群 张启超
封面设计：胡椒设计

出版发行：群言出版社
地 址：北京市东城区东厂胡同北巷1号（100006）
网 址：www.qypublish.com（官网书城）
电子信箱：qunyancbs@126.com
联系电话：010-65267783 65263836
法律顾问：北京法政安邦律师事务所
经 销：全国新华书店

印 刷：三河市九洲财鑫印刷有限公司
版 次：2018年9月第1版
印 次：2025年6月第3次印刷
开 本：710mm×1000mm 1/16
印 张：9.5
字 数：120千字
书 号：ISBN 978-7-5193-0254-2
定 价：35.00元

目　录

CONTENTS

前　言
Preface

投机之王杰西·利弗莫尔

有段时间，《福布斯》杂志公布了“美国史上十五大富豪”排行榜，对150年来美国最有钱的富豪，在排除通胀因素后，按照其财富占GDP（国内生产总值）的比重计算后进行排名。结果显示，约翰·洛克菲勒荣登榜首，沃伦·巴菲特刚刚够格入选，位列第十五名。

在这份榜单中，其中十二位均与华尔街有着渊源或者牵连，资本作手出身的则占一半以上。从这份榜单可以看到资本作手在美国现代财富积累中所占据的强大比重。

而谈到操盘手，投资界有一个共识，在过去100年中，华尔街唯一无可回避的人物，只有杰西·利弗莫尔。这位被称为“百年美股第一人”的资本市场传奇人物，前无古人，至今也无来者。

波澜壮阔的人生轨迹

1877年7月26日，杰西·利弗莫尔出生于美国马萨诸塞州。他的父亲是一位贫穷的农民。全家人拼命劳作，依然挣扎在贫困的边缘。利弗莫尔年幼时，饱受生活折磨，痛恨面朝黄土背朝天的辛劳，梦想着有朝一日功成名就，成为一个大人物。

为此，利弗莫尔在学校非常用功，一年内完成了三年的课业，然而父亲却要他辍学继承父业，因为家里实在太穷了。他选择了离家出走，来到波士顿寻找机会，当时他才14岁。最终，他在潘韦伯证券公司找到了一份工作，负责在交易大厅里抄写行情。为了挣到每星期6美元的报酬，他每天在黑板上兢兢业业地抄写不断变动的股票、债券和商品价格。

起初，这些数字对利弗莫尔来说毫无意义，但当他发现了蕴藏在价格变化之中的机会后，便开始迷上了这种游戏。他开始研究价格变动，预测行情。幸运的是，利弗莫尔天赋异禀，对数字过目不忘。

在一次午餐的休息间隙，他和人凑了5美元，开始将理论付诸实践，并从股市赚到了第一笔钱——3.12美元。从此，他一发而不可收，开启了传奇的一生。

当赚到1000美元时，利弗莫尔辞掉了工作，全身心投入了投机事业中。在随后的40多年中，利弗莫尔始终单枪匹马，孤军奋战，追逐自己的财富梦想。

一开始，利弗莫尔选择在投机商行交易。不到21岁，他就赚到了第一个1万美元。因为总能赚钱，以至于波士顿的所有投机商行都禁止他入场交易，给了他一个“少年作手”的称号。因此，他来到了纽约，准备在这个广阔天地大干一场。

利弗莫尔选了一家经纪公司开立账户，投入了2500美元作为本金。结果，6个月内，他就把本钱赔光了。无奈之下，他向一家经纪公司借了500美元，去外地的投机商行赚取本金。两天后，他带着2800美元回到纽约，开始上演传奇。很快，他便以卖空出名，获得了“华尔街大空头”的美誉。

1901年，美国股市大涨，利弗莫尔在纽约买入北太平洋公司的股票，大赚了一笔，财产暴增至5万美元。但不久，利弗莫尔再次输光。

1907年，因做空美股，利弗莫尔大赚300万美元，并引发美股大崩盘。当时，金融巨子J·P·摩根还派人请求他不要再做空。那一刻，他感觉自己就像国王。利弗莫尔成了华尔街的知名人物。当时，利弗莫尔有句名言：“华尔街不曾变过，口袋变了，股票变了，华尔街却从来没变，因为人性没变。”

1908年，他听从棉花大王佩西·托马斯的建议，做多棉花期货，结果惨遭套牢。短短几周内，他宣布破产，还负债100万美元，并得了抑郁症。

每个投机客在其投机生涯中都有生死存亡的时刻，杰西·利弗莫尔也不例外。利弗莫尔的生死一战便是1915年操盘伯利恒钢铁。

对当时的利弗莫尔来说，他已第三次破产，并身负百万美元债务，供他操盘之用的资金，是一位券商给他的一笔只有500股的信用额度。当时，他一旦失败，将永世不得翻身。也就是说，他必须做一次成功概率为99.99%的交易，考虑到当时市场处于衰退中，其难度可想而知。

结果，利弗莫尔扣动扳机，用唯一的一颗子弹为自己射中了金苹果，为他赢得了起死回生的资本——5万美元。

试想，一生中能够历经三次破产后再度崛起，并从此走向个人职业生涯顶峰的，世上能有几人？

利弗莫尔前后横行华尔街35年，风光无限，但真正走向成熟，是在伯利恒钢铁股一战之后。自此之后，他再也没有与任何人在公开场合谈论过股票，对来自市场的任何质问均保持沉默，任何人想要进入他的办公室难如登天。直到今天，利弗莫尔用来操盘的顶楼办公室仍不对外开放，留给后人无限遐思。

后来，受第一次世界大战的影响，利弗莫尔惨赔，积欠

100万美元以上。1917年4月，利弗莫尔在市场上开始告捷，偿还所有债务。

作为一名作手，利弗莫尔高度自律，他晚上10点就寝，早上6点起床，开始大量阅读欧洲和美国各地的报纸。他尽量少收信，也尽可能不回信。为了掌握行情，他在曼哈顿豪宅、度假小屋、旅馆以及豪华游艇上都装了股价电报机。他喜欢美女，曾结婚三次，还养了许多情妇。

1919年，威尔森总统邀请他到白宫，请他平仓棉花期货以救国急。

1929年，美股大崩盘时，利弗莫尔做空股票，狂赚1亿美元。要知道，当时美国一年税收才42亿美元。当时的1亿美元相当于今天的161亿美元（按GDP百分比），或54亿美元（按劳动力价格）。

在巅峰时期，利弗莫尔拥有全纽约最漂亮的办公室，位于第五大道730号，里面有他的专用电梯。每次新年来临前，利弗莫尔都把自己关在私人金库里三天，坐在数千万美元现金中，仔细检讨过往交易失败的原因。待到星期一早上他离开金库时，他会在身上的口袋里塞满钞票，并在两个星期内用掉这些钞票。

就这样，利弗莫尔从抄写报价的小弟开始，一步步成长为历史上最伟大的个人投机者。他是20世纪20年代从华尔街赚走钱最多的人，堪称投机行业里无人能及的奇才；他的一生充满了神秘色彩，历经坎坷，四次破产，却又每次都能东山再起，堪称华尔街传奇；在100多年的股票市场里，利弗莫尔一做就是近半个世纪，在股神辈出的华尔街，成为三代股神的导师；他从5美元本金起家，直至身家超过1亿，有“华尔街巨熊”与“投机之王”之称，被《纽约时报》评为“百年美股第一人”。

人生无常，世事难料。“从摇篮到坟墓，生命本身就是一场赌博，因为我没有未卜先知的能力，因此我可能承受自己碰到的事情不觉得困扰。”利弗莫尔对生命充满了深深的敬畏，面对人生中数次大起大落，他选择有尊严地从每一次跌倒中爬起来，包括最终面对死亡。他是资本市场上真正的勇者。不幸的是，杰西的好运已经过去了。

到1930年的时候，情况发生变化。不知道怎么回事，利弗莫尔开始有些玩不转了。也许是因为抑郁症；也许是因为家庭的干扰，当时他的妻子正在闹离婚；也许像一些伟大的体育明星一样，在巅峰之后就开始走下坡路了。究竟什么原因，无人得知。总之，利弗莫尔突然之间变成了进入冬眠状态的昏昏沉沉的大熊了。

到1931年年底，他损失了一半财产。

到1933年，剩下的另一半几乎也赔光了。

利弗莫尔在一些必胜无疑的生意上，输掉大约3000万美元。这些生意跟他以前曾经做过的差不多，可是现在，他做这些生意却不灵了。

这时候，证券交易委员会对于卖空的规则做了许多修改。利弗莫尔过去专做卖空生意，新规则对他有了诸多限制，设置了重重困难。而且，利弗莫尔的婚姻并不幸福，使他内外交困，疲于应付，牵扯了不少精力。

1900年，利弗莫尔第一次结婚，后来炒股破产，妻子内蒂·乔丹不愿变卖首饰支持他炒股，两人感情失和，终于在

1917 年离婚。

他的第二任演员妻子桃乐茜·温德特嗜酒，花名在外，最后温德特跟他离婚，还把他的财产挥霍一空，又在一次醉酒后，对长子开枪，造成长子残废。家庭生活的失衡，使他心灰意冷。

1934 年 3 月 5 日，利弗莫尔第四次破产，并患有重度抑郁症。他的儿子说服他写书，借此鼓舞情绪。1940 年 3 月，利弗莫尔出版了《股票作手操盘术》，但是销量平平。

1940 年 11 月 28 日，杰西·利弗莫尔到达纽约的雪莉荷兰酒店，辨认父亲的尸体。看到父亲的尸体数分钟后，他就崩溃了，在洗手间里举枪自杀，结束了自己 63 岁的生命。死时，他留下了一张纸条，上面潦草地写着遗书，给他的第三任妻子哈里特·诺贝尔：

“我已经无法忍受这一切了，所有这一切都糟透了。我已身心俱疲，再也无力支撑了。这是唯一的出路。我不值得被爱，我很失败，真的对不起，但这是我唯一的出路。”

有人说，利弗莫尔是死于穷困潦倒。然而，事实并非如此。当时的资料显示，利弗莫尔死后的财产清算，总价值超过500万美元。1940年的500万美元按占当年GDP百分比来计算，相当于2013年的8.16亿美元，按劳动力价格（即工资水平）计算，则相当于2013年的2.08亿美元。

利弗莫尔自杀的确切原因没人知道，包括他的妻子，但绝不是因为贫穷。他晚年患有重度的抑郁症，而很多人相信他的交易天赋来自其自闭症，这些都可能诱发一个富翁自杀。至于真相，无人得知。

实用睿智的投资智慧

尽管杰西·利弗莫尔先生没有做到善始善终，但作为华尔街20世纪最大的神话，无论是他的追随者还是对手都承认——杰西·利弗莫尔是最杰出的股市操盘手之一。

从财富角度来看，利弗莫尔并不比他之前的杰·古尔德拥有更多金钱；从口碑来说，他也不见得比后来的巴菲特更能流芳百世；但从“职业交易成就”来看，杰伊·古尔德（19世纪美国铁路和电报巨头）、詹姆斯·吉恩（J·P·摩根的御用操盘手）和约翰·雅各布（美国房地产巨头及皮毛交易商）无人能超越利弗莫尔；同期的伯纳德·巴鲁克（投资大师）、老肯尼迪（肯尼迪总统的父亲，美国第一届证监会主席和美国证券法制定者）和江恩（投资大师）亦无法与其匹敌；当今大小股神更无此殊荣。

作为华尔街有史以来最伟大的股票作手，利弗莫尔的成功核心是重在趋势，而不是预测顶和底。对于个人投资者来说，只有坐上趋势的快车，才能在熊市中保命，在牛市中挣钱。如此年复一年，终其一生，便成股神。

从1892年到1940年，利弗莫尔积极参与股票操作长达48年，度过了无数次的兴衰起伏、破产和惊人的财富。最后，他发展出几套操作获利的策略。

第一，并非每个人都适合操作股票。愚蠢、懒惰、无法掌控情绪、想一夜致富的人，不适合从事这一行。冷静的头脑是操作成功的关键素质，唯如此才能不被希望或恐惧牵着鼻子走。对此，金融投资家索罗斯也有过精辟的论述：“这是世界上最残酷的商业领域，我一直都在思考着这样的一个问题，我觉得这个职业的残酷性令我心力交瘁，我为此非常痛苦，我不得不忍受着慢性疾病折磨，这种病正是长期与市场作战造成的，是市场折磨的结果。不知你是否感受到这样一个事实，市场极其冷漠，你不能虚伪，不能放慢、停止，因为数字每天每时都在变化，这种变化便成为你的一种疾病，总有一天，你会被这种疾病完全彻底消灭。是的，我敢肯定这一点，绝对不会是由你来消灭疾病，而是由疾病消灭你。”

利弗莫尔认为，以下三样特质不可或缺：

1. 控制情绪。情绪会影响交易者的心理层面。

2. 拥有经济学基本知识。这是了解若干事件对市场和股价可能造成什么影响的必要智慧。

3. 保持耐心。这一点至关重要。愿意放手让利润越滚越大，是杰出交易者和平庸交易者的区别所在。

另外，利弗莫尔认为，以下四种关键技能和特质也是优秀的投资者应该具备的。

1. 观察——只看事实。

2. 记忆——记住关键事件，以免重蹈覆辙。

3. 数学——了解数字和基本面。这是利弗莫尔天赋异禀的才能。

4. 经验——从你的经验和错误中学习。

第二，频繁交易，是失败者的玩法，不会取得太大的成绩。获利的时机很多，但有时候应该观望。当市场缺乏大好机会，休息和度假是明智的选择。因为在纷纭的市场中，有时当个旁观者，可以比日复一日不断观察小波动，更能看清重大变化。

第三，集中全力操作新多头市场中的领先股，即先等市场确认哪些股票是领先股——通常是涨势最强的股，再进场操作。一定不要买便宜的股票。因为疲弱不振、价格下滑的股票总是很难回升，所以交易者一定要管好自己，最好只买有冲劲的活跃股票。

第四，试探性操作策略和金字塔操作策略。进场操作之前，最明智的做法是先了解大盘的趋势。市场总是做它想做的事，不做投资者期望它做的事。所以，在多头市场中做多，在空头市场中放空。如果市场横向整理，就退居场外，直到信号证实趋势往某个方向走为止。发现趋势的变化是一件很难的事情，因为它和投资者目前的想法、做法恰好背道而驰。这也是利弗莫尔开始使用试探性操作策略的原因。

试探性策略的操作方式是先建立一部分股票头寸，直到买足投资者打算拥有的股数。因此，在实际着手买进前，决定买多少股是很重要的一件事。这是妥善的资金管理规划下的产物，也是利弗莫尔的重要守则之一。先建立一个小头寸，测试一下那只股票。这就是试探性操作策略，目的是观察初步的研究是否正确。如果股价走势符合规划的方式，就买入更多，但陆续买进的股票，价位一定愈来愈高，这一做法就是金字塔操作策略（在股票上涨途中不断加码）。这个策略在当时显得十分另类，因为大部分人认为，要买到便宜货，应该逢低承接，而不是越买越高。但不走寻常路的利弗莫尔认为，最近买进的股票，如果走势证明交易商是对的，放手买进更多，交易商得到的报酬便能锦上添花，投资利益能更上一层楼。他总是在价格上涨途中，执行逢高摊平操作，而不是下跌时逢低摊平。

第五，一旦势头不对，尽快认赔出场，最多损失十分之一。

第六，不要轻易听信别人的小道消息和内幕信息。做好自己的功课，只看事实，了解基本面。

利弗莫尔的强悍之处并非他拥有强大的资源。他是华尔街上最大的个人投资者，至死都是独立操作、一个人判断、一个人交易。他从来不需要小道消息、内幕消息或者与人联手坐庄。他的操作手法被后人延伸，繁衍出当代各类股票技术法则流派，使他成为一代宗师，影响了一代又一代股神。因此无论大小投资者，尤其是独立投资者，均能从其操作理念和手法中，学习如何趋利避害，正确把握自我。

利弗莫尔是位天才的投机家，名副其实的短线之王，他的一生就是对投机二字的最好诠释，波澜壮阔，动人心魄。在他去世之前，利弗莫尔将他40年的交易秘诀和操作手法写进了《股票作手操盘术》一书，使其成为不朽的投资经典。

利弗莫尔用真金白银换来的投资精髓和操作手法，时时指引和警示着后人。希望本书能够帮助投资者领悟交易的真谛，参悟市场的玄妙，获得丰厚的财富。

第一章　投机，最具魔力的游戏

投机，是世界上最具魔力的游戏。但是，它并不适合所有人——头脑愚钝的人玩不了，懒得花心思的人玩不了，心理不健全的人玩不了，想一夜暴富的人也玩不了。这些人如果贸然进场，很可能会落得一贫如洗的下场。

多年以来，当我参加晚宴时，总会有陌生人走过来，坐在我身边，简单寒暄几句，便直奔主题：“我怎样才能从股市中挣到钱？”

年轻的时候，我总是会耐心解释，想要从股市中多快好省地赚钱不太现实，你总是会碰上各种麻烦。或者，我会想方设法找个礼貌的借口，抽身走开，离开困境。最近这些年，对于这种问题，我的回答只有硬邦邦的一句话：“不知道。”

遇见这种人，你很难心平气和。老实说，这种问题对于一个对投资和投机颇有研究的人来说，实在不算恭维。要是这位外行人问一位律师或一位外科医生同样的问题："我怎样才能在法或者外科手术上迅速挣钱？"这样才公平。

然而，我依然认定，对于想在股市投资或投机的大多数人来说，如果有一份指南为他们指引方向的话，他们还是愿意付出汗水和研究来获得合理回报的。本书正是为这些人而写的。

本书的目的是介绍我的投机生涯中一些不同寻常的亲身经历——其中既有失败的经历，也有成功的经历，以及每一段经历给予我的经验和教训。通过这些介绍，我将勾勒出自己在交易实践中运用的时间要素理论。在我看来，要想在股市中获得成功，这是最重要的因素。

不过，在进行下一步动作前，我不得不告诫你——正所谓一分耕耘，一分收获，你的成果与你的真诚和努力成正比。这种努力包括了解行情记录，开动脑筋思考，并得出自己的结论。天道酬勤，如果你还算明智，就不会自己读"如何保持身材"，而让他人代为锻炼。因此，如果你是诚心想学习我的操作技术，也不能将熟悉行情记录的工作交给别人。

我的操作准则就是将时间和价格融为一体。这一点我将在后面的章节里详细说明。师父领进门，修行靠个人。如果你借助于我的引导，在股市中输少赢多，我将非常欣慰。

本书的读者对象是特定的人群，这部分人往往具有一定的投机倾向。在多年的投机和投资生涯中，我慢慢积累了一些观点和想法，想讲给他们听。如果你天性中就有投机倾向，就应当将投机视为一门严肃的生意，并诚心诚意，专注敬业，不可以自贬身价，向门外汉看齐。许多门外汉将投机看成单纯的赌博。如果我的观点正确，即投机是一门严肃生意的大前提成立，那么所有参与到股市事业中的同行就应当下决心认真学习，尽己所能，充分发掘现有数据资料，使自己对这项事业的领悟提升到自己的最高境界。在过去 40 年中，我始终致力于将投机活动升华为一项成功的事业，并且已经发现了一些适用于这一行的要领，还将继续发掘新的规律。

无数个夜晚，我在床上辗转反侧，反省自己——为什么没能预见行情？第二天一大早便醒来，心里想出一个新点子。

我几乎等不到天亮，急于通过历史行情记录来检验新点子是否有效。在绝大多数情况下，这样的新点子都离百分之百的正确相差十万八千里，但是其中多少总有些正确的成分，而且这些可取之处已经储存在我的潜意识中了。再过一阵，或许又有其他想法在脑子里成形，我便立即着手去检验它。

随着时间的推移，各种各样的想法越来越清晰和具体，于是我逐渐能够开发出成熟的新方法来记录行情，并以新式行情记录作为判断市场走向的指南针。

就自己满意的程度而言，我的理论和实践都已经证明，在投机生意中，或者说在证券和商品市场的投资事业中，从来没有什么全新的东西出现。毕竟，万变不离其宗。在有的市场条件下，我们应当投机；在有的市场条件下，我们不应当投机。有一条谚语再正确不过了："你可以赢得一场赛马比赛，但你不可能赢得所有赛马比赛。"市场操作也是同样的道理。有时候，我们可以从股市投资或投机中获利，但如果我们常年在市场中拼搏，就不可能始终获利了——永远不可能有人只赚不赔。

为了投资或投机成功，我们必须预判某只股票的下一步走向。所谓投机，其实就是预判下一步的市场动作。为了形成正确的预判，我们必须建立一个坚实的基础。举个例子，在公布某一则新闻后，你就必须站在市场的角度，独立分析新闻对行情造成的影响。你要预判新闻对一般投资者产生的心理效应，特别是那些与之有着直接利害关系的人。如果你从市场角度判断，它将产生明确的看涨或看跌效果，那么千万不要草率地认定自己的看法，而要等到市场变化已经验证了你的意见之后，才能确认自己的判断，因为它的市场效应未必如你倾向于认为的那样明确，一个是“是怎样”，另一个是“应该怎样”。

为了便于说明，我们来看看下面的实例。市场已经沿着一个明确的趋势方向持续了一段时间，一条看涨的或者看跌的新闻也许对市场无法产生作用。当时，市场本身或许已经处于超买或超卖状态，在这样的市场条件下，市场肯定对这则消息视而不见。此时此刻，对投资者或投机者来说，市场在相似条件下的历史演变过程的记录就具有了不可估量的参考价值。此时此刻，你必须完全抛弃自己对市场的个人意见，将注意力百分之百地转向市场变化本身。意见千错万错，市场永远不错。对投资者或投机者来说，除非市场按照你的个人意见变化，否则个人意见一文不值。今天，没有任何人或者任何组织能够人为制造行情、人为阻止行情。某人也许能够对某只股票形成某种意见，相信这只股票将要出现一轮显著上涨或下跌行情，而且他的意见也是正确的，因为市场后来果然这样变化了。即便如此，这位仁兄也依然有可能赔钱，因为他可能把自己的判断过早地付诸行动。他相信自己的意见是正确的，立即采取行动，然而他刚刚进场下单，市场就走向了相反的方向。行情越来越陷入胶着状态，他也越来越疲惫，平仓离开市场。或许过几天之后，行情走势又显得很对路了，他再次杀入，但是一等他入市，市场就再度转向和他相左的方向。祸不单行，这一次他又开始怀疑自己的看法，又把头寸割掉了。终于，行情启动了。但是，由于他当初急于求成而接连犯了两次错误，这一回反而失去了勇气。也有可能他已经在其他地方另下了赌注，已经难以再增加头寸了。

总之，欲速则不达，等到这只股票行情真正启动的时候，他已经失去了机会。

我这里想强调的是，如果你对某只或某些股票形成了明确的看法，千万不要迫不及待地进场。要从市场出发，耐心观察行情变化，伺机而动，一定要找到基本的判断依据。打个比方，某只股票当前的成交价为25美元，它已经在22美元到28美元的区间里维持了相当长时间了。假定你相信这只股票最终将攀升到50美元，也就是说现在它的价格是25美元，而你认定它应当上涨到50美元。且慢！耐心！一定要等这只股票活跃起来，等它创造新高，比如说上涨到30美元。只有到了这个时候，你才能确认你的想法已经被证实。这只股票必定已经进入了非常强势的状态，否则根本不可能达到30美元的高度。只有当这只股票已经出现了这些变化后，我们才能判断，这只股票很可能正处在大幅上涨的过程中——行动已经开始。这才是你对自己的意见深信不疑的时候。你没有在25美元的时候就买进，但绝不要让这件事给自己带来任何烦恼。如果你真的在那儿买进了，那么结局很可能是这样的，你左等右等，被折磨得疲惫不堪，在行情发动之前就已经抛掉了原来的头寸，而正因为你是在较低的价格卖出的，你也许会悔恨交加，因此后来本当再次买进的时候，却没有买进。

我的经验足以证明，真正从投机买卖得来的利润，都来自那些从一开始就一直赢利的头寸。接下来，我将列举一些自己的实际操作案例，从这些案例中你会注意到，我选择一个关键的心理时刻来投入第一笔交易，这个时刻是：当前市场运动的力度如此强大，它将一直向前冲。这只股票之所以继续向前冲，不是因为我的操作，而是因为它背后的力量非常强大，它不得不向前冲。很多时候，我也像其他投机者一样，没有足够的耐心去等待最佳时机。我也想每时每刻都持有市场头寸。你也许会问："你有那么丰富的经验，怎么还让自己干这种蠢事呢？"答案很简单，我也有人性的弱点。就像所有的投机客一样，我有时也让急躁情绪冲昏了头脑，蒙蔽了判断力。投机交易酷似扑克牌游戏，就像 21 点、桥牌或者其他玩法。我们每个人都受到一个共同的人性弱点的诱惑——每一次轮流下注时都想参与，每一手牌都想赢。我们或多或少都具备这个共同的弱点，这一弱点正是投资者和投机者的头号敌人。如果不对其采取适当的防范措施，它最终将导致溃败。心怀希望是人类的显著特点之一，恐惧担忧则是另一个显著特点，然而，一旦你将希望和恐惧这两种情绪搅进投机事业，就会面临一个极可怕的危险，因为你往往会被两种情绪搅糊涂了，从而颠倒了它们的位置——本该恐惧的时候却满怀希望，本该满怀希望的时候却惊恐不安。

为了说明这一点，我举例说明。你在30美元的位置买进了一只股票。第二天，它急速拉升到32美元或32.5美元。在盈利面前，你却变得充满恐惧，担心利润化为乌有。于是，你立刻卖出平仓，选择落袋为安。而此时，恰恰正是你该享受希望的时刻！既然这两个点的利润昨天还不存在，为什么现在却担心它会失去呢？如果你能在一天的时间里获得两个点的利润，那么下一天你可能再赚到2个点或3个点的利润，下一周或许能多挣5个点的利润。只要这只股票的表现对头、市场对头，就不要急于套现。你必须相信自己是正确的，因为如果不是，你根本就不会有利润。所以，让利润奔跑吧，你驾驭着它一起狂奔！它最终会成长为一笔很可观的利润，只要市场的表现正常，那就坚定信念，坚持到底。接下来，我们再来看看相反的情形。假如你在30美元的位置买进某只股票，第二天它下跌到28美元，账面上是2个点的亏损。你也许并不担心这只股票可能会继续下跌，只把当前的变化看作一时的反向波动，觉得第二天市场肯定还要回到原来的价位。然而，正是在这种时刻，你本该忧心忡忡。在这2个点的亏损之后，有可能雪上加霜，下一天再亏损2个点，下周或下半个月或许再亏损5个点或10个点。这正是你应当害怕的时刻，因为如果当时你没有止损出市，后来可能会被迫承担远远大得多的亏损。这正是你应当卖出股票来保护自己的时候，以免亏损越滚越大，一发不可收拾。

利润总是能够自己照顾自己，而亏损则永远不会自动了结。投机者必须对当初的小额亏损采取止损措施，以确保不会蒙受巨大损失。这样一来，他就能维持自己账户的生存。终有一日，当他心中形成了某种建设性想法时，还能重整旗鼓，开立新头寸，持有与过去犯错误时相同数额的股票。投机者必须充当自己的保险经纪人，而确保投机事业持续下去的唯一抉择是，小心守护自己的资本账户，绝不允许亏损大到足以威胁未来的操作。留得青山在，不怕没柴烧。一方面，我认为成功的投资者或投机者事前一定是要有充分的理由才入市做多或做空的；另一方面，我也认为他们必定根据一定的准则来确定首次入市建立头寸的时机。

在此，我需要再次强调，在特定的条件下，市场变动处于蒸蒸日上的展开过程中，我始终确信，任何人只要具备投机者的本能和耐心，就一定能建立某种准则，用来正确地判断什么时候可以建立初始头寸。成功的投机绝对不是纯粹的赌博。为了持续地成功，投资者或投机者必须掌握一定的判断准则。不过，我采用的准则也许对别人来说毫无价值。为什么对我来说极具价值，却无法适用于其他人？答案是，没有哪种准则是百分之百准确的。如果我采用的某种准则是自己的独家绝学，必然知道结果如何。如果买进的股票表现不如预期，我马上就可以断定时机还不成熟，应该完结头寸。

也许，几天之后，我的准则会告诉我应该再次入市，于是我便入市。或许，这一回准则会完全正确。我相信，只要愿意投入时间和心血研究价格运动，任何人都能建立自己的判断准则，为未来的投资活动提供帮助。在这本书里，我介绍了一些判断准则，它们在我的投机操作活动中具有很高的价值。

很多交易者亲自制作股票平均指数的图表或记录。他们翻来覆去地推敲、琢磨这些图表和记录。当然，这些平均指数图表也能够揭示明显的趋势。但就我个人来看，图表并没有什么吸引力，它们非常混乱。虽说如此，我自己也一直在做行情记录。他们也许是对的，我也许是错的。

我喜欢自己的行情记录方式，是因为它能够清楚地展现当前行情的演变过程。但是，只有当我将时间要素融入其中综合考量之后，行情记录才能帮助我判断行情。我相信，通过维持行情记录，并综合考虑时间要素，就可以准确地预测未来市场的重大变化。当然，想做到这一点，还需要足够的耐心。

熟悉一只股票，或者熟悉几种不同的股票群体后，如果你能结合行情记录来正确地推算时间要素，那么迟早会拥有判断重大变化何时到来的能力。如果你能正确解读行情记录，就能在任何股票群体中挑出领头羊。需要注意的是，你必须亲手做行情记录，亲手填写数字，不要让他人代劳。在亲力亲为的过程中，你会灵感爆发。没有人能教给你这些新思路，因为它们是你自己的发现，是你的秘密，因此你应当好好珍藏，不应该告知他人。

我在本书中对投资者和投机者提出了一些“禁条”。其中一条重要原则就是，绝对不能把投机和投资混为一谈。投资者之所以常常蒙受亏损，往往是因为他们以投机的心态来买股票，因此付出了代价。

有一些投资者认为：“我不用担心股票行情波动，也不用担心经纪人催着追加保证金。我买股票就是为投资，从来不投机。如果股票价格下跌，早晚会涨回来。”这些投资者买进这些股票的时候，是看好它们的投资价值。然而，股市瞬息万变，这些股票的基本面也在发生巨大的变化。所谓的“价值型股票”往往会变成纯粹的投机型股票，其中有些股票甚至退市了。没多久，当初的投资成为幻影，资本也随之遭受重大损失。之所以如此，是因为投资者并没有搞清楚，虽然投资的股票是应该长期持有的，但股票的价值会受到各种复杂形势的考验和影响。往往在投资者弄清楚新情况前，股票的投资价值已经大幅度缩水了。因此，成功的投机者总是小心谨慎地守护自己的资本，投资者也应该同样如此。如果能够做到这一点，那么那些投资者将来也就不会无奈地变成投机者了。

也许很多人还记得，若干年之前，人们认为投资纽约—纽黑文—哈特夫特铁路公司比把钱存银行还要安全。

1902 年 4 月 28 日，纽约—纽黑文—哈特夫特公司的股票成交价格为 255 美元。1906 年 12 月，芝加哥—米尔沃基—圣保罗公司的股票成交价格为 199.62 美元。1906 年 1 月，芝加哥西北公司的股票成交价格为 240 美元。1906 年 2 月 9 日，大北方铁路公司的股票成交价格为 348 美元。当时，这些公司业绩出色，投资者都享受到了丰厚的红利。

如今，让我们再来看看当年的这些“投资型股票”吧。

1940年1月2日，它们的报价为：纽约—纽黑文哈特夫特铁路公司股价为0.50美元，芝加哥西北公司的股价为0.31美元，大北方铁路公司的股价为26.62美元。当天没有芝加哥—米尔沃基—圣保罗公司的股票报价。在1940年1月5日，它的报价为0.25美元。

类似的股票，我轻轻松松就能再列举数百只。它们曾经风行一时，被看作稳赚不赔的金边投资，然而今天却一文不值，几乎没有投资价值。让人感慨的是，当初那些保守的投资者只能眼睁睁看着财富不断消减，最终随风消散。

当然，投机者也会赔钱。但是我相信，比起那些所谓投资者的损失，在投机中亏掉的资本往往少得多。

以我的观点来看，这些投资者才是大赌徒。他们下定赌注，一赌到底。一旦赌错了，就输个精光。投机者可能会在投资者买进的时候买进。但是，如果这个投机者坚持做记录，就应该感觉到危险信号，很多地方不太对头。如果他能马上行动，就能把亏损降到最低，然后等待合适的机会再次入市。

当一只股票开始下跌时，没人能够说清楚底部在哪里。

同样，当一只股票开始上涨时，同样没人能知道顶部在哪里。

为了获得更好的收益，规避风险，请将下面几项原则铭记于心。

第一原则，绝对不要卖出看起来价格过高的股票。一只股票从10美元涨到50美元，你也许会觉得成交价高得离谱，内心忐忑不安。这个时候，我们应该认真仔细分析，看看它是否能在盈利状况良好、企业管理层优秀的条件下，继续上涨到150美元。身边有很多人看到某只股票长期上涨之后，认为价格过高，就全部卖出股票，结果赔光了本金。

第二原则，绝对不要买进从最高点大幅下滑的股票。因为，这只股票的大幅下跌是基于一些基本层面的因素，它很可能还会继续下跌。所以，忘掉它过去的高价位，以综合时机和价格二要素的利弗莫尔公式来重新审视它。

如果你对我的交易手法有一定的了解，那么你也许会感到惊讶。当我在行情记录中看到某只股票正处于上升态势时，我会先耐心等待股价出现正常的向下回撤，一旦股价创立新高就马上买进。我卖空的时候，也采取同样的方式。为什么？

因为我总是会选择适当的时机追随趋势。我的行情记录发出前进信号，我就绝不在市场向下回撤时买进做多，也绝不在市场再度向上反扑时卖出做空。

最后一个原则，如果第一笔交易已经亏损，就不要继续跟进。绝对不要想着摊低亏损的头寸。这一点要时刻牢记。

第二章　股票的个性和最佳入场时机

和人一样，股票也有自己的品格和个性。有的股票个性紧张，运动具有跳跃性；有的股票则性格豪爽，动作直来直去。股票和人性有诸多相似点。只要下功夫，总有一天你会了解并尊重各种股票的个性。在不同的条件下，它们的动作是可以预测的。

市场从不停止变化。有时候，它们停滞不前，但并不是原地不动，要么略微上升，要么稍有下降。当一只股票的趋势明确后，它将自动运行，沿着贯穿整个趋势过程的特定线路变化下去。

当这轮运动开始的时候，开头几天你会注意到，伴随着价格的逐渐上涨，形成了非常巨大的成交量。随后，将发生我所称的“正常的回撤”。在这个向下回落的过程中，成交量远远小于前几天上升时期。这种小规模回撤行情完全是正常的。永远不要担心这种正常的动作，而一定要十分害怕不正常的动作。

一两天之后，行动将重新开始，成交量随之增加。如果这是一个真动作，那么在短时间内市场就会收复在那个自然的、正常的回撤过程中丢失的地盘，并将在新高区域内运行。这个过程应当在几天之内一直维持着强劲的势头，其中仅仅含有小规模的日内回调。或迟或早，它将达到某一点，又该形成另一轮正常的向下回撤了。当这个正常回撤发生时，它应当和第一次正常回撤落在同一组直线上，当处于明确趋势状态时，任何股票都会按照此类自然的方式演变。在这轮运动的第一部分，从前期高点到下一个高点之间的差距并不很大。但是你将注意到，随着时间的推移，它将向上拓展大得多的净空高度。

举例说明，假如某只股票在 50 的位置启动。在它运动的第一段旅程中，它慢慢上涨到 54。此后，一两天的正常回撤也许把它带回到 52.5 左右。三天之后，它再度展开旅程。这一回，在其再次进入正常回撤过程之前，它或许会上涨到

59 或 60。但是，它并没有马上发生回撤，中途可能仅仅下降了 1 个点或者 1 个半点，而如果在这样的价格水平发生自然的回撤过程，很容易就会下降 3 个点的。当它在几天之后再度恢复上涨进程时，你将注意到此时的成交量并不像这场运动开头时那样庞大。这只股票变得紧俏起来，较难买到了。如果情况是这样的话，那么这场运动的下一步动作将比之前快得多。该股票可能轻易地从前一个高点上升到 60、68 乃至 70，并且中途没有遇到自然的回撤。如果直到这时候才发生自然的回撤，则这个回撤过程将更严厉。它可能轻而易举地下挫到 65，而且即使如此也只属于正常的回撤。不仅如此，假定回撤的幅度在 5 点上下，用不着过多少日子，上涨进程就会卷土重来，该股票的成交价将处于一个全新的高位。正是在这个地方，时间要素上场了。

不要让这只股票失去新鲜的味道。你已经取得了漂亮的账面利润，你必须保持耐心，但是也不要让耐心变成约束思路的框框，以至于忽视了危险信号。

这只股票再次开始上升，前一天上涨的幅度大约 6 ～ 7

点，后一天上涨的幅度也许达到8～10点——交易活动极度活跃。但是，就在这个交易日的最后一小时，突如其来地出现了一轮不正常的下探行情，下跌幅度达到7～8点。第二天早晨，市场再度顺势下滑了1点左右，然后重新开始上升，并且当天尾盘行情十分坚挺。但是，再后一天，由于某种原因，市场却没能保持上升势头。

这是一个迫在眉睫的危险信号。在这轮市场运动的发展过程中，在此之前仅仅发生过一些自然的和正常的回撤过程。此时此刻，却突然形成了不正常的向下回撤——这里所说的“不正常”，指的是在同一天之内，市场起先向上形成了新的极端价位，随后向下回落了6点乃至更多——这样的事情之前从未出现过，而从股票市场本身来看，一旦发生了不正常的变故，就是市场在向你点亮警灯。我们绝对不能忽视这样的危险信号。

在这只股票自然上升的过程中，你要有足够的耐心，不可轻举妄动。现在，一定要敏锐地感知警示，勇敢地断然卖出，离场观望。

我并不是说这种警示总是准确的，好比我前面强调的一样，没有任何方法会绝对正确。但如果你长期关注此类警示，你的收获将非常丰厚。

一位伟大的天才投机家曾经告诫我："市场一旦向我发出危险信号，我从来都不对着干，总是迅速离开。几天以后，如果没有问题，我就再度入市。这样一来，我就少了很多焦虑，也省了很多钱。我是这么想的——假如我沿着铁轨前行，一辆列车以60英里(1英里等于1.609千米)的时速向我驶来，我会马上跳离轨道，而不会傻到原地不动。等列车过去了，只要我乐意，随时可以回到铁轨上。"这一段话形象地体现了一种投机智慧，我始终铭记于心。

每个聪明的投机者都应该对危险信号保持警惕。奇怪的是，大多数投机者碰到的麻烦都是来自自身。内在的弱点阻碍他们在应该离场的时候果断平仓。他们徘徊不定，在纠结中眼睁睁看着市场朝着不利的方向运动。直到这时候，他们才下定决心："下一波行情一来，我就平仓。"然而，当下一波上涨行情到来时，他们却忘记了自己的决定。因为在他们看来，市场的表现又正常了。遗憾的是，这一轮上涨行情犹如强弩之末，缺乏后劲，很快市场便开始一路狂跌。这时，他们还没有离场——因为犹豫不决。如果他们能够按照某种准则行事，明确自己能做什么、不能做什么，不仅能够挽回大部分损失，还能缓解他们的焦虑。

在这里，我需要重申一下，对于每一位普通投资者或投机者来说，最大的敌人就是自身的人性弱点。一只股票在一波大幅度的上涨后开始下跌，为什么不会再次向上运动呢？显而易见，它肯定会从某个价格水平处回升。然而，这只股票凭什么在你希望它上涨的时候上涨？现实往往是，它根本不会上涨，或者即使上涨，那些犹豫不决的投机者也抓不住机会。

对于那些把投机看作一项严肃事业的普通同行，我要向他们强调这些原则：必须根除一厢情愿的想法；如果每个交易日都投机，就不可能成功；良机每年只有寥寥数次，只有在这些时候，才可以建立头寸；在良机之外的空当里，你应当做一个淡定的观察者，等待市场酝酿下一场大动作。

如果你抓住了这轮行情的时机，那么你建立的第一笔头寸应当始终处于盈利状态。往后，你只需要保持警惕，时刻注意危险信号的出现，然后果断离场，将账面利润转化为现金。

切记，当你旁观时，那些觉得自己应该全天忙于交易的投机者正在为你的下一次机会铺垫基础。你将从他们的错误中获利。

投机事业让人热血沸腾。大多数投机者整天待在交易大厅里，或者忙着接无数电话。收市后，在任何场合都和人聊股市。他们的脑子里只有报价机和数字。他们总是关注不重要的市场变动，反倒错过了重要的市场变动。当大幅度的趋势行情发生后，绝大多数投机者总是持有相反方向的头寸。那些爱好在小幅波动中快进快出的投机客，永远不可能在重大行情中把握机会。

但是，只要你能够妥善记录股票的价格运动，深入研究行情记录，搞清楚股票价格发生变动的原因，谨慎地综合考虑时间要素，就可以克服这种弱点，避免犯这样的错误。

很多年以前，我曾经听说过一个知名投机家的故事。他住在加利福尼亚山区，所以他收到的股市行情往往会延迟三天。他每年都给旧金山的经纪人打几次电话，下达买进或卖出指令。我有个朋友曾经在那个旧金山经纪人的交易大厅待过一段时间，对这件事情很感兴趣，就到处打听。当他得知这名投机家竟然身处偏僻山区，也很少前来探访，不由得惊呆了。后来，有人介绍他结识投机家。在谈话的时候，我的朋友向他请教："你远离城市，怎么才能持续做股票市场的行情记录？"

投机家回答："我把投机当作我的事业。市场千头万绪，如同一团乱麻，如果让自己深陷其中，就会一败涂地。因此，我忽略次要的市场变化。我喜欢冷静旁观，用心思考。当事情发生后，它就会提供给我一幅清晰的画面，告诉我市场的动向。真正的行情不会在一天之内就结束，总会需要一段时间才能走完。我搬到边远山区，就能给行情留下充足的时间。我从报纸上摘录数据，放到行情记录里。总有一天，我会注意到，刚记录下来的价格无法验证之前已经明显持续了一段时间的同一种运动形态。此时此刻，我做出决定，下山进城，马上忙碌起来。”

在很长一段时间里，这位住在山里的投机家一直在从股票市场中赚钱。在某种程度上来说，他激励了我。我加倍地努力工作，力图将时间因素和其他资料融合起来。经过坚持不懈的努力，我已经能把各方面的记录整合在一起，在预测未来市场变动的过程中，它们发挥的作用令人惊异。

第三章　紧跟领头羊

每当投资者或投机者短期内顺风顺水时，市场总会施放一些诱惑信号，使他变得麻痹大意，或者内心过度膨胀。在这种情况下，要靠健全的常识和清醒的头脑才能保住已有的成果。不过，如果你能毫不动摇地遵循可靠的准则行事，那么得而复失的悲剧就不再是命中注定的了。

众所周知，市场价格总是在不停地波动。过去一直如此，将来也一直如此。依我之见，在那些重大运动背后，必然存在着一股不可阻挡的力量。一般情况下，我们了解这一点就足够了。如果你对价格变动背后的所有因素都要探究，反倒是画蛇添足。你的思路可能被鸡毛蒜皮的细节遮蔽、淹没，这就是那样做的风险。只要认清市场运动的确已经发生，顺着潮流驾驭着你的投机之舟，就能够从中受益。不要和市场讨价还价，最重要的是，绝不可与之对抗。

另外，你务必时刻牢记，在股票市场上摊子铺得太大、四处出击是非常危险的。我的意思是，不要同时在许多股票上都建立头寸。对于大多数人来说，同时照顾几只股票尚能胜任，但同时照顾许多只股票就不堪重负了。我在几年前就曾犯过此类错误，为此付出了沉痛的代价。

我曾经犯过一个错误。当时，某个特定的股票群体中某只股票已经清晰地掉转方向，脱离了整个市场的普遍趋势，我便纵容自己随之对整个股票市场的态度转为一律看空或一律看多。在建立新头寸之前，我本该耐心地等待时机，等到其他股票群体中某只股票也显示出其下跌或者上涨过程终止的信号。时候一到，其他股票也都会清晰地发出同样的信号。这些都是我本应耐心等待的线索。

但是，我没有这样做，而是急切地想在整个市场中大干一番，结果吃了大亏。在这里，急于行动的浮躁心理取代了常识和判断力。当然，我在买卖第一个和第二股票时是盈利的。但是，由于在买卖其他股票群中的股票时，赶在 0 点到来之前就已经入市，结果损失了一大部分盈利。

回想当年，在20世纪20年代末期的狂野牛市中，我清楚地看出铜业股票的上涨行情已经进入尾声，不久之后，汽车业的股票群也达到了顶峰。因为牛市行情在这两类股票群体中都已经终结，我便很快得出了一个有纰漏的结论，以为现在可以安全地卖出任何股票。我宁愿不告诉你由于这一错误判断我亏损了多大金额。

在后来的6个月里，正当我在铜业股票和汽车业股票的交易上积累了巨额账面盈利的时候，我也力图压中公共事业类股票的顶部。然而，后者亏损的金钱甚至超过了前者的盈利。最终，公用事业类股票和其他群体的股票都达到了顶峰。就在这时，森蚺公司的成交价已经比其前期最高点低了50点，汽车类股票下跌的比例也与此大致相当。

我希望这个事实能给你留下深刻印象，当你看清某一特定股票群体的运动时，不妨就此采取行动。但是，不要纵容自己在其他股票群中以同样方式行事，除非你已经明白地看到了后面这个群体已经开始跟进的信号。耐心！等待！迟早你也会在其他股票群体上得到与第一个股票群体同样的提示信号。注意火候，不要在市场上铺得太开。

集中注意力研究当日行情最突出的那些股票。如果你不能从领头的活跃股票上赢得利润，也就不能在整个股票市场中赢得利润。

正如女性的衣帽服饰、人造珠宝营造的时尚总是会随着时间的推移而变化，股票市场的领头羊也会不断变化，新旧交替，层出不穷。几年前，股市领头羊以铁路、糖业和烟草为主。后来，钢铁股后来者居上，糖业和烟草沦为明日黄花。再往后一直到现在，汽车业股票逐渐崛起。如今，四类股票在市场中占据主导地位——钢铁、汽车、航空和邮购类股票。一旦它们朝着某个方向变动，整个市场就会随着变动。随着时间的推移，新的领头羊即将走到幕前，旧的领头羊则只能退居二线。只要股票市场依然存在，这种现象就不会断绝。

想要同时跟进很多只股票，肯定不安全，你将经常被弄得晕头转向，疲于奔命。所以，不如专注于少数几个群体。用这种方式，你就能得到市场的真正图像，比分类研究要简单得多。如果你能在上述四类股票群中正确分析出其中两只股票的走向，就不用担心其他股票的走向了。总而言之，“紧跟领头羊”是股票市场的金科玉律。当然，你需要保持思想的灵活。因为，今天的领头羊两年之后很可能已经不是领头羊了。

如今，我在我的行情记录中重点关注了四类股票。这并不意味着我会同时操作这四类股票。

很久以前，当我第一次对价格变动产生兴趣的时候，就下决心要检验自己预判价格变动的能力。我随身带着一个小本子，记录自己的模拟交易。日积月累，我终于第一次亲手做实际交易。那次经历刻骨铭心，我永远难以忘怀。

当时，我和朋友一人出一半钱，合资买了5股芝加哥—柏灵顿—昆西铁路公司。后面，我分到了3.12美元的利润。从那时候起，我通过自学，逐渐成了一名合格的投机者。

以目前市场的情况来看，我认为采取大手笔交易方式的老式投机者的成功概率并不大。以前，市场广度［译者注：股票术语，用来描述市场基本状态。打个比方，河流越宽，洪水（大笔头寸）来临时则水位（价格）上涨越小，水位越稳定，意味着大笔头寸对价格的影响比较小；反过来，则水位（价格）大大下降，市场价格会大幅下降。一旦有大笔头寸卖出，市场就会大幅下跌］和流动性都不错，即使投机者吃进5000股或者10000股某种股票，当他进出市场的时候，肯定不会明显影响到该股票的价格。

在这个投机者建立初始头寸后，如果股票表现对头，他可以从容地陆续增加投入。在过去的市场条件下，如果市场证明他的判断有问题，他无须承担太大的损失，就能轻易撤出头寸。但如今，市场广度大不如从前，如果市场证明初始头寸站不住脚，当他平仓时，往往会遭受重大亏损。

另一方面，正如我在前面所说的，对我而言，今天的投机者如果既有耐心又有判断力，能够耐心等待最佳行动时机，就能最终从市场中获得丰厚的利润。因为在当前市场条件下，已经不可能出现那么多人为操纵的市场变化了。这种人为操纵行为在以前非常盛行，以至于所有的技术手段都受到了冲击，效果大打折扣。

由此可见，在今天的市场条件下，不可能有睿智的投机者会按照多年前流行的大笔头寸交易方法来进行操作。他往往会重点关注少数几个股票群体，集中研究其中几只领头羊股票。和羚羊一样，他会仔细看清眼前的路，做好判断，审时度势，再从岩石上往前跳。股市的新时代已经来临。在新时代里，睿智、勤奋、合格的投资者或者投机者才能游刃有余，获得更好的机遇，斩获利润。

第四章　到手的才是利润

投资的时候，凡事都要亲力亲为，切不可委派他人。不管是上百万元的大钱，还是几千元的小钱，都应该如此。因为，这是你的血汗钱！只有小心看护，它才会始终跟随你。不谨慎的投机总会让你亏损钱财。

不合格的投机者犯下的大错，各种各样，无奇不有。我曾经警告过他人，一旦遇到亏损，绝对不能为了摊低成本，在低位再次买进。然而，这恰恰是最常见的做法。比如，有个人以50美元的价格买入100股，两三天之后，看到价格跌到了47美元，他无法抗拒摊低成本的强烈欲望，非要在47美元的价位再买100股，要把所有股票的成本价摊低不可。你已经在50美元的价位买进100股，为亏损忧心忡忡。如果价格跌到44美元，那么，你需要面对的是两笔损失，第一笔买入100股，亏损600美元；第二笔买入100股，亏损300美元。那么，到底为什么要再买进100股，导致双倍的担忧和更惨重的损失呢？

如果投机者按照这种不靠谱的准则来购买股票，他就应该将摊低成本的做法坚持到底。市场跌到44美元，再买进200股；41美元，再买进400股；38美元，再买进800股；35美元，再买进1600股；32美元，再买进3200股；29美元，再买进6400股。然后，以此类推。那么，有多少投机者能够承受这样的压力？如果能够将这种方法坚持到底，也是一种不错的方法，但是，有多少投机者能够承受这样的压力？

总而言之，投机者应始终保持高度警惕，防范灾难的降临。因此，虽然有说教的嫌疑，但我还是强烈建议你不要采用摊低成本的做法。

从经纪商那里，我只得到过一种确定无疑的“内幕”消息——追加保证金的通知。一收到这样的通知，就应该马上平仓。你分明已经错了，为什么还要把钱追加到糟糕的投资中去？不如把这些钱放到其他的地方去冒险。钱财绝对不要投到正在亏损的交易上。

成功的商人愿意给各种各样的客户赊账，但是他肯定不愿意把所有的产品都赊给唯一的客户。对于商人来说，客户的数量越多，风险就越分散。基于同样的道理，投入投机生意的人在每一次冒险过程中，也只应投入金额有限的资本。对于投机者来说，资金就是商人货架上的货物。

所有投机者有一个通病——急于求成，总想在很短的时间内发财致富。他们不想花费两到三年的时间来使自己的资本增值 500%，而是企图在两到三个月内做到这一点。偶尔，他们会成功。然而，此类大胆交易最终有没有保住胜利果实呢？没有！为什么？因为这些钱来得不稳妥，来得快去得快，只在他们那里过了道手。这样的投机者丧失了平衡感。他说："既然我能够在这两个月使自己的资本增值 500%，想想下两个月我能做什么？我要发大财了。"

这样的投机者永远不会满足。他们孤注一掷，投入全部力量或资金，直到某个地方失算，终于出事了——某个变化剧烈的、无法预料的、毁灭性的事件。最后，经纪商终于发来最后的追加保证金通知，然而金额太大无法做到。于是，这个滥赌的赌徒就像流星一样消失了。也许他会求经纪商再宽限一点儿时间，或者如果不是太不走运的话，或许他曾经留了一手，存了一份应急储蓄，可以重新有一个一般的起点。

如果商人新开一家店铺，大致不会指望头一年就从这笔投资中获利25%以上。但是对投机者来说，25%什么都不是。他们想要的是100%。他们的算计是经不起推敲的；他们没有把投机看作一项商业事业，并按照商业原则来经营这项事业。

还有一小点，也许值得提一提。投机者应当将以下这一点看成一项行为准则：每当他把一个成功的交易平仓了结的时候，总取出一半的利润，储存到保险箱里积蓄起来。投机者唯一能从华尔街赚到的钱，就是当投机者了结一笔成功的交易后从账户里提出来的钱。

我想起了我在棕榈海滩度假的往事。当我离开纽约时，手里还持有相当大一笔卖空头寸。几天之后，在我到达棕榈海滩后，市场出现了一轮剧烈的向下突破行情。这是将“纸上利润”兑现为真正金钱的机会——我也这么做了。

收市后，我让电报员通知纽约交易厅立即给我在银行的户头上支付100万美元。那位电报员几乎吓得昏死过去。在发出这条短信之后，他问我他能否收藏那张纸条。我问他为什么。他说，他已经当了二十年的电报员，这是他经手拍发的第一份客户要求经纪商为自己在银行存款的电报。他还说道："经纪商在电报网上发出成千上万条电报，要客户们追加保证金。但是以前从没人像你这么做过。我打算把这张纸条拿给儿子们看看。"

普通投机者能够从经纪公司的账户上取钱的时候是很难得的，要么是他没有任何敞口头寸的时候，要么是他有额外资产净值的时候。当市场朝着不利的方向变化时，他不会支取资金，因为他需要这些资本充当保证金。当他结束一笔成功的交易后，他也不会支取资金，因为他期望下一次挣到双倍的利润。

因此，绝大多数投机者都很少见到钱。对他们来说，这些钱从来不是真实的，不是看得见摸得着的。多年来，我已经养成习惯，在了结一笔成功的交易之后，都要提取部分现金。惯常的做法是，每一笔提取 20 万美元或 30 万美元。这是一个好策略。它具有心理上的价值。你做做看，也把它变成你的策略。把你的钱点一遍。我点过。我知道自己手中有真家伙。我感觉得到，它是真的。

股票账户里的钱或者银行账户里的钱，和手中的现金是不一样的。现金你可以用手指触摸到，可触可感，有一种占有感和满足感，能够使你变得理智，在某种程度上抑制了任性和冲动的投资决定，避免了盈利流失。因此，一定要时常看一看你的现金流，特别是在这次交易和下次交易之间。普通投机者在这些方面大多有散漫、粗心的毛病。

运势好的时候，一个投机者本金翻番后，他应该马上拿出一半利润作为储备。这一点使我受益匪浅。唯一的遗憾是，我没有在自己的职业生涯中始终贯彻这一原则。在某些地方，它本来会帮助我走得更平稳一些的。

除了股票，我从来没在别的方面挣过一分钱。相反，由于投资股票之外的其他事业，我已经亏损了数百万美元。这些钱都是我从华尔街赚来的。这些失败的生意有：佛罗里达地产、油井、飞机制造业、改善和推广高新技术产品，等等。在这些交易中，我总是赔得干干净净。

有一次，我对一项投资产生了强烈的兴趣，想说服一位朋友投入 5 万美元。他认真地听取了我的介绍。当我说完后，他说："利弗莫尔，如果你想要 5 万美元去投机，我可以无偿赠送给你。但是，如果是干别的，我劝你远离那笔生意。因为，你永远不可能在其他生意上获得成功。"

第二天早上，邮差送来了一张 5 万美元的支票。我非常吃惊，因为我并没有提出要求。

这些惨痛的经历带给我的教训是：投机本身就是一门生意，一定不要让自己被情绪、言语或者诱惑影响。

有时候，经纪商无意中成为众多投机者失败的根源。经纪商靠交易佣金赚钱，客户发生交易，他们才能挣到佣金。交易越多，佣金越多。经纪商不仅欢迎投机者交易，还经常鼓励他们过度交易。一些单纯的投机者往往会产生错觉，把经纪商当作朋友，导致过度交易。

假如投机者足够精明，了解在什么条件下才能多交易，那么过度交易也没有错。但是，一旦投机者形成了这种习惯，就很难罢手。他们已经丧失了自制力，失去了平衡感，而这二者对于投机者来说至关重要。他们从来没想到，自己也有失手的一天。然而，这一天还是来了。快钱长着翅膀，来得快去得也快。于是，又有一个投机者破产了。

所以，永远别做任何交易，除非你确认这么做在财务上是安全的。

第五章　一定要找准关键点

无论什么时候，只要耐心等待市场到达“关键点”后再交易，我就总能从中获利。

为什么？因为我选择的时机正确，到达“关键点”，标志着行情已经启动。关键点一旦出现，我就果断行动，根据“关键点”法则来慢慢累积头寸，而无须为亏损焦虑。之后，我只要静观其变，任由市场行情随意变化。因为我内心非常清楚，市场会在合适的时候发出信号，让我出手获利。无论何时，只要我能保持耐心和勇气等待信号，按部就班，就能赚钱，而且任何时候，只要鼓起勇气和耐心等待信号，就能稳坐钓鱼台。根据我数十年的交易经验，如果不能在行情开始后马上入市，就很难从当轮行情中赚大钱。究其原因，应该是一旦无法马上入市，就丧失了一部分的利润储备。然而，在后来的行情变化过程中，这部分利润储备是耐心和勇气的重要保障，因此是非常必要的。在行情变动的过程中，一直到行情完结，市场必定会多次出现波动，这部分利润储备为我提供了强大的心理支持。我之所以能淡定从容，顺利从市场中赚钱，这是一个重要原因。

只要你有足够的耐心，在适当的时候，市场也会向你发出出市信号。罗马不是一天建成的，重大的市场变动也不可能一天或者一周内完成，需要一个逐步产生、发展直到结束的过程。在一轮行情中，大部分市场变动发生在最后两天内——这是持有头寸的最重要的时间。这一点至关重要。

举例说明。假设某只股票一路下跌了很长时间，达到了40美元的低位。随后，市场快速回升，几天便涨到了45美元。接下来，股价再次回落，数周时间里始终在几个点的范围内横向波动。此后，它又开始上涨到了49.5美元。后来，市场一潭死水，丝毫不活跃。有一天，这只股票又活跃起来了。刚开始，它下跌了 3 ～ 4 个点，后来一路下滑到接近其关键点 40 的某个价位为止。在这个时候，你务必要特别小心，谨慎观察市场。如果市场确定要恢复原有的下降态势，就应当下跌到比关键点 40 低 3 ～ 4 个点的位置，然后才能产生另一轮明显的回升行情。如果市场未能跌破 40 美元，这就是一个明确的信号——一旦市场从当前向下回撤的低点开始上冲 3 个点，就应该马上买进。如果市场虽然向下跌穿了 40 的点位，但是下跌幅度没有达到 3 个点左右，那么后面一旦上涨到 43 的点位，还是应该买进。

上面两种情形一旦出现，你便会发现，这几乎意味着一轮新趋势的开启。如果市场明确地验证了新趋势的产生，行情便会持续上涨，直到比 49.5 这个关键点高出 3 点或更多。

在说明市场趋势时，我不太想用“牛”和“熊”这两个词语。在我看来，很多人一听到“牛”或“熊”的说法，就会马上联想到市场将在长时间里按照“牛市”或“熊市”方式运行。

然而，这种特色鲜明的趋势并不会经常发生，大约每四至五年一次。在没有这种行情的时候，还有很多持续时间相对比较短但是轮廓清晰的趋势。为此，我更愿意使用“上升趋势”和“下降趋势”这两个词语，它们得体地表达了市场的情形。进一步来说，如果你认为市场即将进入上升趋势，所以入市买进；几个星期后，你经过仔细分析得出结论，市场将转向下降趋势；你会发现，趋势逆转这个事情其实很容易就能接受。反过来看，如果你用“牛市”或“熊市”的眼光来看待市场，而你的观点又被市场证实，就很难转变思路了。

利弗莫尔方法，是花费了我三十多年心血研究的成果，这些准则为我预判市场运动提供了重要指南。

刚开始做行情记录的时候，我觉得用处并不是很大。几周之后，我又有了一些新的想法。结果我总是发现，新想法虽然对以前的记录方法有所提升，但无法得出我想要的信息。新想法层出不穷，于是我制作了一系列的行情记录，萌发了一些新思路。但是，直到我将时间要素与价格变动结合起来之后，记录才开始向我传达想要的信息。

从此之后，我每记录一笔数据的时候，均采用不同的方式。凭借这些数据，我就可以确定关键点的位置，从而运用关键点来获利。从那时起，我多次完善自己的计算方法。如今，我采用的记录方式也可以向你转达重要信息。

假如一名投机者可以确定某只股票的关键点，并运用关键点来诠释市场动作，就可以有比较大的把握建立头寸，从一开始就赢利。

很久以前，我就已经开始通过这种最简单的关键点交易法来赚钱。我经常注意到，当某只股票的成交价位于50美元、100美元、200美元甚至300美元时，一旦市场越过这样的点位，后面总会发生直线式的快速变动。

在老伙计安纳康达公司的股票上，我第一次通过关键点交易法赚到钱。这只股票成交价突破100美元时，我马上下达交易指令，买进4000股。几分钟后，这只股票价格突破105美元，交易顺利完成。当天，这只股票的成交价后来又上涨了10个点，第二天又是暴涨。在短时间之内，这只股票一路上涨，一度高于150美元，中间仅有几次7～8个点的正常向下波动过程，但丝毫没有影响到关键点——

100 美元。

从此以后，只要有关键点可供参照，我就很少错过良机。后来，当安纳康达公司的股票成交价突破 200 美元时，我成功地如法炮制；突破 300 美元时，又再一次依葫芦画瓢。只不过，这一次它惯性上冲的幅度并不大，最高成交价只有 302.75 美元。显然，市场亮起了危险信号。所以，我马上卖出了 8000 股。我的运气还不错，其中 5000 股的卖出价是 300 美元，1500 股的卖出价是 299.75 美元。值得一提的是，这 6500 股在不到两分钟的时间之内成交。剩余的 1500 股花了 25 分钟才成功卖出，都是 100 股或 200 股一笔，零星地成交的，成交价也下降到 298.75 美元，这也是当天该股票的收盘价。我信心满满，做出一个判断——如果这只股票的成交价跌破 300 美元，就会形成一轮快速的下跌运动。第二天早晨，市场上一阵骚动。安纳康达公司在伦敦股市一路下跌，纽约股市开盘价格低了一大截。几天之后，它的成交价就降到了 225 美元。

在运用关键点交易法来预判市场动作的时候，需要牢记一点——如果这只股票在越过关键点之后没有按照应有的模式变动，就是一个必须重点关注的危险信号。

以安纳康达公司为例，成交价突破 300 美元后的表现与突破 100 美元和 200 美元后的表现完全不同。在突破 100 美元和 200 美元时，当市场向上越过关键点后，都出现了迅速地上涨，且涨幅达到 10 ～ 15 个点。但是突破 300 美元后，这只股票并不难买入，市场上的供给非常充足。这说明这只股票已经不能维持上涨的趋势了，它在 300 美元上方的变动清楚地说明了，它已经变成了烫手山芋，继续持有风险非常大。这种情况和股票穿越关键点后通常发生的情形完全不一样。

我清楚地记得另外一个案例。当时，我耐心等待了 3 个星期，才开始买入伯利恒钢铁。1915 年 4 月 7 日，它达到了最高价位 87.75 美元。我内心十分清楚，股票越过关键点后将迅速暴涨。伯利恒钢铁必将突破 100 美元，我对此信心十足。4 月 8 日，我开始在 99 ～ 99.75 美元区间逐步买入。当天，伯利恒钢铁的成交价一路上涨到 117 美元。此后，它更是一直飙升，中途只有几次轻微地向下回撤。4月13日，这只股票到达最高点155美元。突破关键点五天，就有如此惊人的表现。这个案例再次说明，如果能够耐心等待时机，采用关键点交易法，就能够获得丰厚的收益。

然而，伯利恒钢铁还有后续故事。在它价位到达200美元、300美元时，我故伎重施，在它价位达到令人心惊的400美元时，我依然再度出手。需要补充说明一下，在熊市中，当某只股票向下突破关键点后，我们也可以同样预判后面的变化。需要特别注意的是，一定要密切观察后续行情的变化。我发觉，一旦某只股票越过界线后缺乏后劲，则市场很容易掉转方向，因此必须快刀斩乱麻，迅速卖出。每当我失去耐心，无法等到关键点来临，开始胡乱交易企图尽快赚钱时，就总是亏钱。

有段时间，市场上掀起了一股高价股拆细的浪潮。所以，我上面提及的那种机会就不是特别多了。但是，我们依然可以利用其他方法来确定关键点。举例来说，之前的两至三年里有一只新股票挂牌上市，最高价为20美元，这个价格是两至三年前形成的。如果有利好事件发生，这只股票开始上涨。那么，等到这只股票达到全新高位1分钟后再买进，是一种比较稳妥的做法。

一只股票上市时，开盘价格可能是50美元、60美元或者70美元，随后因为抛售套现而出现20个点左右的下跌，此后的一年或者两年时间里，一直在最高点和最低点之间波动。后来，如果这只股票的成交价跌破历史低点，则很可能会形成一轮大幅度的下跌行情。为什么？因为这个公司的内部出了问题。

通过股票行情记录，并综合考量市场的时间要素，你就拥有了发现关键点的能力，并通过这些关键点建立头寸。但是，通过关键点交易非常需要耐心。你一定要多多训练，下力气来研究行情记录，自己选择数据，亲手填入记录本，亲手标记市场将在什么价位到达关键点。

长此以往，你会慢慢发觉，研究关键点的过程就像挖金矿，让人无比沉迷。你将会从独立判断的成功交易中体会到一种无与伦比的快感。虽然通过内幕消息或他人指点，也能够赚钱，但都远远不如自己独立赚钱带来的成就感大。一旦你独立发现机会，独立交易，耐心等待，密切关注市场的危险信号，就能拥有良性的思维方式。

几乎没有人能够一直根据偶尔的内幕消息或者别人的建议来从股市中赚钱。不少人到处寻求信息，但他们并不明白如何利用信息。

有一次，我参加一个晚会，一名女士一直缠着我给她一些市场建议。我当时心一软，就告诉她买入一只当天到达关键点的股票。从第二天开盘开始，这只股票一周内上涨了 15 个点。后来，这只股票出现了危险信号。我想起了那位女士，就让人打电话催她赶紧卖掉。结果，得知这名女士压根就没有买进这只股票，她只是想先观察一番，看我的消息是否准确。我当时非常吃惊。看吧，小道消息的世界就是这样让人无语。

市场经常出现一些诱人的关键点。可可是纽约可可交易所的交易品种，在绝大多数时候，可可的行情比较平稳，没有什么投机诱惑力。但是，如果你把投机看成一门正经生意，自然就会留意所有市场，准备随时寻求良机。

1934年，可可期权合约的当年最高价出现在2月，为6.23美元；当年最低价出现在10月，为4.28美元。1935年2月，达到当年最高价5.74美元，6月达到当年最低价4.54美元。1936年3月，达到当年最低价5.13美元。但是到了当年8月，可可市场发生了巨大的变化，当月可可的成交价达到了6.88美元，远远高于前两年的最高点。也就是说，高于最近的两个关键点。1936年9月，可可最高价为7.51美元；10月，最高价为8.70美元；11月，最高价为10.80美元；12月，最高价为11.40美元。1937年1月，创造历史纪录，12.86美元。在五个月的时间之内，它上涨了600点，中途仅有少数几次正常的回撤过程。显而易见，可可的一路上涨背后一定有十分充足的理由，因为可可市场一直不温不火，只有一般规模的变动。上涨的原因很简单——可可的供应出现了严重的短缺。密切关注这些关键点，就能抓住可可市场的机会。

正当你在行情记录本上记录价格，观察到一些重要的价格形态，价格记录就会告诉你答案。突然之间，你就会明白，你的行情记录正在清晰地揭示行情的趋势。它会促使你回顾历史行情记录，了解在类似条件下，以前的市场最终出现了什么样的重大变化。它会使你明白，凭借细致的分析和清醒的判断，你就可以形成自己的看法。价格形态会告诉你，每一次重大市场变化都是类似价格变化的重演。所以，一旦你熟悉历史价格变化，就可以正确地预判和应对即将到来的变化，从中谋利。

我一直在强调一个事实，行情记录并非完美无瑕，但对我的帮助非常大。我始终坚定地认为，我拥有坚实的基础来对市场做出预判。如果你愿意潜心研究记录，始终维护记录，你也能在操作过程中获利。

将来，如果有人运用我的记录行情方法，从市场中赚到比我更多的钱，我丝毫也不会感到吃惊。当然，这句话是有前提的。虽然我是通过分析自己的行情记录得出结论的，但现在运用这种方法的人，完全可以轻易地从中发掘到被我忽略的价值点。说得直白一点，现有的这些已经能够满足我的需求，所以我没有进一步探索新要点的必要。无论如何，他人也许可以通过我的基本方法，找到新的思路，发展出新的方法，大大提升这些基本方法的价值。

如果有人能够做到，我是绝对不会忌妒他们的成功的！

第六章　百万美元的错误

一般交易准则非常有必要。太多的投机者都是冲动买进或卖出，所有的头寸都堆积在同一个价位上，没有拉开战线。这种做法不但错误，而且非常危险。

假如，你想买进500股股票。第一笔先买进100股。然后，一看市场上涨了，再买进100股。以此类推，每一笔都比前一笔的价格更高。

同样的原则也适用于卖空。除非是在比前一笔更低的价位卖出，否则绝对不要再卖出下一笔。据我所知，如果能够遵循这个准则，就能总是站在正确的一边。因为，按照这种程序，所有的交易从头至尾都是盈利的。这个事实就是证明你正确的有力证据。

根据我的交易惯例，首先，我会预判某只股票未来行情的大小；其次，我会思考在什么价位入市合适，这一步非常重要。你可以多加研究价格记录本，仔细分析过去几个星期的价格变化。在此之前，你内心就已经认定，如果你所选择的股票果真要开始这轮运动，那么它应该到达某个点位。如果它真的到达这个点位时，就是你建立第一笔头寸的时机。

建立第一笔头寸后，你要明确一个问题，万一判断失误，自己愿意承担多大的亏损。如果你能遵循我的准则，也许会有一两次亏损。但是，如果你能坚持下去，一旦真正的市场运动开始，你就必定已经在场内了。简单来说，你一定能抓住机会的。

话虽如此，但是谨慎选择时机非常必要，操之过急就会带来灾难性的后果。

有一次，我头脑发热，心浮气躁，没有选好时机，结果错过了 100 万美元的利润。每次一想到这件事情，就让我无比郁闷和困窘。

多年以前，我曾经强烈看涨棉花。然而，当时市场并没有准备好。我一得出结论，就马上一头扑进了棉花市场。

我以市价买入了 2 万包棉花，作为最初的头寸。这笔指令直接刺激市场上升了 15 点。当指令中最后 100 包成交后，市场一路下跌，24 小时内就回到了我开始买进时的价格。随后的许多天，市场如同一潭死水，没有什么动静。我忍无可忍，干脆全部卖出，损失了大约 3 万美元。自然而然，最后 100 包是以最低价成交的。

几天后，棉花市场时刻浮现在我脑海中，挥之不去。我再度对棉花市场产生了兴趣，依然认为会有大行情。于是，我又买进了 2 万包。结果，悲剧再次重演。我买入后，市场上升了一些，但是不久后又跌回起点。等待让我不胜其烦，我又卖出了自己的头寸。毋庸置疑，最后一笔还是在最低价成交的。

六个星期里，这种烧钱的操作手法我竟然重复了五次，每次的损失都在 2.5 万美元至 3 万美元。我讨厌甚至痛恨自己。浪费了将近 20 万美元，却一无所获。于是，我让经理人移走棉花行情收报机。但我忍不住诱惑，再次关注棉花市场。这件事让我无比郁闷。在投机领域，任何时候都需要保持头脑清醒。情绪会直接影响你的收益。

更让人无语的是，就在我移走棉花行情报价机，决定远离棉花市场两天后，棉花市场开始一上涨，最终狂涨了 500 个点，中途仅有一次向下回落，幅度为 40 个点。

就这样，我失去了有史以来最有吸引力的交易机会之一。我总结了一下，主要有两大原因。

第一，我的自制力还不够，没能耐心等待时机成熟再入市操作。我只想在棉花市场到达买入点之前快速多挣一点，所以在市场时机成熟之前就行动了。结果，我不仅损失了 20 万美元的现金，还错失了 100 万美元的赚钱机会。按照设想，我准备在市场超越关键点后分批筹措 10 万包的筹码。如果按照计划行事，就不会丧失这次机会了。

第二，我因为判断失误，就对棉花市场深恶痛绝，甚至大为光火。情绪化是投机的大敌。

犯下错误就不要找借口。很久以前，我就学会了这一课。坦率承认错误，从中获得教训和经验。市场会告诉投机者，什么时候他是错误的，因为那个时候他一定正在赔钱。当你是正确的时候，那么你应该在赚钱。当投机者认识到自己的错误，就是他出市之时，应当淡定从容，接受损失，保持微笑，多研究行情记录，找出导致错误的原因，然后等待下一次机会。

有些投机者甚至在市场告诉他之前，就能预感到自己的错误。这是一种相当高级的判断力，是潜意识发出的秘密警告。这种信号来自投机者内心，建立在市场历史表现之上。有时，它是交易准则的侦察兵和先头部队。下面，我将详细说明这一点。

在20世纪20年代后期的大牛市期间，我大额长时间持有多只股票。期间，偶然会有一些自然的向下回撤行情，但我从来没有为自己的头寸焦虑。但终究会有一天，收市以后我会变得坐立不安。当天晚上，我一定辗转反侧，睡不好觉，仿佛有什么东西在轻声呼唤我。第二天早晨看报纸的时候，总是会担心和不安，似乎某种不好的事情正在迫近。也许，一切并不糟糕，我的奇怪的感觉也经不起推敲。市场开盘形势良好，表现完美，市场也许正处在这波行情以来的最高位。想起自己一夜未眠，会心一笑。然而，我已经知道这没什么可笑的了。因为再过一天，这个故事就会天翻地覆。没有什么重大的坏消息，只是因为市场朝某个方向长期运动之后导致转折点，市场风云突变。这一天，我忙个不停，以尽快脱手头寸。前一天，我还能在接近最高点的位置轻松抛出所有头寸。然而，这一天天差地别。

相信不少投机者都曾经有过相似的经历。从市场来看，似乎前景一片红火；然而，内心里却往往亮起了危险信号，隐约感到不安。这是一种长期在市场中打拼而发展出来的独特的敏感。

坦率地说，我更相信科学准则，对自己内心的警告总是持怀疑态度。有时，当一切都顺利的时候，内心总是会有一种不安的感觉。通过密切关注这种感觉，我从中受益匪浅。

这种交易信号很有意思，因为这种预知前方危险的感觉，好像只有那些对市场变动十分敏感的人，以及通过紧跟市场形态来判断价格变动的人，才能明显感受到。对于那些普通投机者来说，看涨或看跌的感觉只是传闻，或者来自公开评论。

你要时刻牢记，投机者数以百万计，但绝大多数人都只把投机看作一桩碰运气的游戏，太费心力。只有极少数人把全部时间都花在投机上，为之倾注所有心血。即使在一些精明的生意人、专业人员和退休人员看来，这也只是一个副业，因而用不着太费精力。如果没有诱人的内幕消息，他们基本不会买卖股票。

在这里，我举个例子来说明。

某一天，你和一个朋友在宴会上偶遇。寒暄后，你和他聊起公司的情况。对方公司刚刚走出低谷，前景一片大好。恰好，这个公司的股票价格也比较有吸引力。

也许是出于热心，朋友建议："我觉得现在买进是个不错的选择。我们公司的业绩十分出色，达到了这些年来的最高峰。我们公司上一次业绩出色时的股票价格，你肯定还记得吧。"

于是，你心动了，马上吃进这只股票。

后来，这家公司的季度财报一次比一次漂亮，行情一片大好。股票价格一路上涨，公司宣布要派发额外红利。你开始飘飘然，做起了富贵梦。然而，好景不长，这家公司的业绩忽然急剧滑坡，股票价格也迅速下跌。没有任何预兆，也没有人事先通知你。你手足无措，急忙打电话给朋友。

朋友回复："我们的营业额稍微有些下降，那些看空的人知道消息后便开始兴风作浪。这主要是卖空造成的。股票只是在暂时调整，而且也跌得差不多了。"

朋友说了一大堆，却没有告诉你真正的原因。毫无疑问，他和公司的高层持有不少股票。自从公司业绩下滑的第一个征兆出现，他们就在拼命出货。如果告诉你真相，就是在邀请你和你的其他朋友加入这场出货大赛。这已经变成了一个如何自保的问题了。

所以，你的朋友，这位来自公司的内部人士，他可能会真诚地告诉你什么时候应当买入，但是他绝对不可能，也不愿意告诉你什么时候应当卖出。他必须先保证自己的利益。

在这里，我强烈建议你随身携带笔记本，记录一些有趣的市场信息、你的一些想法和思路、观察价格变化时感受到的灵感和心得，经常翻看重温，将来会给你提供很大的帮助。在笔记本的扉页，我建议你写上："提防内幕消息，包括一切内部消息。"

在投机和投资事业中，成功只属于那些为之倾注所有心血的人。毕竟，天上不会掉馅饼。即使钱从天上掉下来，也不会有人把它塞进你的口袋。

第七章　狂赚300万美元

这时，我才意识到自己犯了一个大错。我太急于求成，一心想落袋为安，我本应该更耐心一点，继续持有头寸。为什么我要害怕失去自己尚未拥有过的东西？因为我很清楚，一旦市场到达某个关键点，就会发出危险信号。我完全有充足的时间来处理问题。

1924年夏天，小麦到达关键点，我就买进了500万蒲式耳［译者注：英制的容量及重量单位，在英国及美国通用，主要用于农产品的重量。通常1蒲式耳等于8加仑（约36.37升），但不同的农产品对蒲式耳的定义各有不同］。当时，小麦市场很大，所以这种交易量对价格没有明显影响。这等规模的指令，相当于买进5万股股票。

执行这笔指令之后，市场连续几天处于牛皮状态，但从没有跌破关键点。不久，市场开始上升，最高价位比上一波高点还要高出几美分。后来，从高点开始，发生自然回撤，市场再度进入数天的牛皮状态。最后，行情又开始上涨。

我始终在密切关注行情，等到市场向上穿越下一个关键点，我就再次买进 500 万蒲式耳。虽然这单的平均成交价比关键点高 1.5 美分，但在我看来，这一点清楚地表明——市场正蓄势待发，已经为进入强势状态做好了准备。为什么这么说？因为这一次买进 500 万蒲式耳比第一笔难多了。

接下来的一天，市场并没有向下回撤，像第一笔交易完成后那样，反而上涨了 3 美分。从此以后，小麦市场进入了一轮牛市行情。我当时估计，这轮行情将持续几个月的时间。然而，我还是没有认识到这波行情的全部潜力。后来，每蒲式耳产生 25 美分的利润后，我便清仓套现了。几天后，市场继续上涨了 20 多美分。

这时，我才意识到自己犯了一个大错。我太急于求成，一心想落袋为安，我本应该更耐心一点，继续持有头寸。为什么我要害怕失去自己尚未拥有过的东西？因为我很清楚，一旦市场到达某个关键点，就会发出危险信号。我完全有充足的时间来处理问题。

我思前想后，决定再次入市，买进的平均价位大概比上次卖出的价位高了 25 美分。从此，我一直持有这笔头寸，直到市场发出危险信号为止。

1925 年 1 月 28 日，5 月小麦合约的成交价达到了每蒲式耳 2.058 美元。2 月 11 日，回落到 1.775 美元。与此同时，黑麦的上涨行情甚至比小麦行情还要凶猛。不过，黑麦市场远不如小麦市场大，因此一笔不大的交易指令就会导致价格大幅变动。

在操作过程中，我经常会有大手笔的投入。当时，市场中进行巨额投入的大有人在。据说有一位投资者手中持有数百万蒲式耳小麦期货合约，以及数千万蒲式耳现货小麦。除此之外，为了支撑小麦市场的头寸，他还囤积了巨额的现货黑麦。传闻这个人有时还利用黑麦市场来支撑小麦市场。小麦市场一旦开始动摇，他就在黑麦市场下单买进，以稳住小麦行情。

正如前面所说，相对而言，黑麦市场比较小，广度比较窄，一旦有大额买进指令，马上就能引发快速上涨，从而影响小麦市场。无论什么时候，只要有人这么做，投资者就会纷纷买进小麦，促使小麦的成交价一路上升。

这个过程进展很顺利，直到尘埃落定。当小麦市场向下运动时，黑麦市场也随之回落，从 1925 年 1 月 28 日的最高点 1.82 美元，跌到 1.54 美元，下跌了 28 美分。与此同时，小麦同样下跌了 28 美分。5 月 2 日，5 月小麦的价格为 2.02 美元，离之前的最高点只差 3 美分。但是，黑麦并没有那么强劲，只回升到 1.70 美元，比之前的最高点低 12 美分。

这段时间，我一直密切关注小麦和黑麦市场。我觉得事情有点不太对劲，因为在整个大牛市期间，黑麦总是领先小麦一步。然而，现在它不但没有引领上涨行情，反而落后于行情变化。小麦已经收复了绝大部分跌幅，但黑麦却不行。这种表现和以前完全不同。

我马上开始分析，想要找出黑麦无法和小麦同等程度上涨的原因。原因很快就找到了。投资者热衷于小麦市场，对黑麦市场却兴趣不大。如果黑麦市场行情完全是一个人造成的，那他怎么突然就忽视了它呢？我得出结论，要么他对黑麦不再有兴趣，已经出货离场；要么因为他同时在两个市场涉入太深，已经无力再加码了。我认定，无论这个投资者是否在黑麦场内都无所谓，因为从市场角度来看，两种可能性的结果都是一样的。所以，我马上行动，准备检验自己的论断。

我决心要查清楚黑麦市场的真实情况。黑麦市场的最新买入价是1.69美元，我发出卖出20万蒲式耳的“市价指令”，当时小麦市场的报价是2.02美元。在指令完成之前，黑麦下跌了3美分；在指令完成后两分钟内，又上涨到1.68美元。

通过执行交易指令，我发现市场中并没有太多的买卖指令。然而，我仍然不太确定将要发生什么。为了让局势明朗，我再次下达第二笔指令，卖出20万蒲式耳，结果差不多。执行指令时，市场下跌了3美分；指令完成后，市场只上涨了1美分，而之前上涨了2美分。

事已至此，我依然心存疑虑，于是发出了第三笔指令，再次卖出20万蒲式耳。指令执行时，市场再次下跌，但是后面却没有上涨。因为市场下跌势头已经形成，所以继续下跌。

这就是我在等的警告信号。我信心十足地认为，果然有投资者在小麦市场中持有巨额头寸，却因为某些原因没有保护黑麦市场（到底是什么原因我并不关心），那么同样，他也不会或者不能支撑小麦市场。于是，我马上下达“市价指令”，卖出 500 万蒲式耳 5 月小麦。这一单的成交价从 2.01 美元卖到 1.99 美元。当天晚上，小麦收市于 1.97 美元左右，黑麦收市于 1.65 美元。我很欣慰，因为卖出指令最后成交的部分已经低于 2.00 美元，而 2.00 美元正好是关键点。市场已经向下突破了这个关键点，我对自己的头寸很有把握，对这笔交易没有任何担忧。

几天后，我买回了自己的黑麦头寸。当初卖出黑麦，是为了确定小麦市场的状态，结果却净赚了 25 万美元。

我继续卖出小麦，累计卖空头寸达到了 1500 万蒲式耳。3 月 16 日，5 月小麦收市价为 1.64 美元。3 月 17 日早上，利物浦市场的行情如果价格折算成美元，比美国市场低 3 美分，如此一来，会导致美国市场的开市价在 1.61 美元上下。

这时，我做了一件不合乎经验的事情，在开盘之前下达了指定价格的交易指令。在诱惑的刺激下，我发出了以 1.61 美元买入 500 万蒲式耳的指令，价格比前一天的收市价低 3 美分。开盘时，成交价格在 1.61 美元到 1.54 美元之间波动。我告诉自己："不够理智，明知故犯，活该倒霉。"理智和直觉还是无法战胜人性本能。不出意外的话，我将会按照指定价格 1.61 美元成交，这也是当天开盘价的最高点。

后来，我看到 1.54 美元的价格，立即又发出一份指令，买入 500 万蒲式耳。很快，成交报告就到了："买进 500 万蒲式耳，成交价 1.53 美元。"

我再次下达指令，买入 500 万蒲式耳。1 分钟后，我又收到了成交报告："买进 500 万蒲式耳，成交价 1.53 美元。"我自然而然地认为，第三笔买进指令的成交价是 1.53 美元。随后，我要到了第一笔交易指令的成交报告。下面就是经纪商提供的成交报告：

"买进第一笔 500 万蒲式耳，完成第一份指令。

买进第二笔 500 万蒲式耳，完成第二份指令。"

以下是第三份指令的成交报告：

“350 万蒲式耳，成交价，153；

100 万蒲式耳，成交价，153.125；

50 万蒲式耳，成交价，153.25。”

当天的最低价是 1.51 美元。第二天，小麦上涨到 1.64 美元。这是我第一次收到限价指令成交报告。我发出的指令是以 1.61 美元的价格买进 500 万蒲式耳。市场开盘价是 1.61 美元，并在 1.61 美元至 1.54 美元之间波动，最低点比我的报买价低 7 美分，这意味着省了 35 万美元，这一点让我不由得大喜过望。

不久后，我去芝加哥的时候，顺便问了负责处理我的交易指令的人：“为什么我的第一份限价指令执行得如此完美，到底怎么回事？”他为我详细解释了一切。当时，他刚好得到消息，有一份卖出 3500 万蒲式耳的市价指令。他清楚地知道，由于这笔单子，无论开盘价多低，开盘后会有大量小麦在开盘价左右卖出，因此他一直在耐心等待，直到开盘行情的价格区间形成之后，才将我的指令按“市价”

投入场内。他说：“如果不是你的买单及时入场，市价可能会迅速下跌。”

这次交易，我最终至少赚了300万美元。

这个案例充分说明了在投机性市场允许卖空机制的价值。因为持有卖空头寸的人会变成主动买入者，一旦发生恐慌，主动买入者便可以稳定市场，而这一点是市场极度需要的。

当然，时过境迁，如今想要进行这类操作已经不太可能。因为根据规定，任何个人在谷物市场持有的头寸总额不得超过200万蒲式耳。股票市场虽然不限制个人的头寸总额，但是按照现行的卖空规定，投资者不可能建立巨额的空头头寸。

因此，我认为，老式投机者的时代已经一去不复返，他们的位置终将会被“半投资者”取代。“半投资者”虽然无法在市场上快速聚集巨额利润，但能够在一段时间内获得更多的利润，并且能够保住利润。我坚信，未来成功的“半投资者”能够从每一轮行情中获得更大比率的盈利，远远超过纯粹的投机操作者。

第八章　利弗莫尔市场法则

多年来，我把自己全部献给了投机事业。经历风风雨雨，我才领悟到，股市并无新鲜事物，虽然不同股票的具体情况不同，但它们的一般价格形态却是一样的，一直在重复进行。

我有一种迫切的需求，想以适当的价格记录作为预测价格运动的指南。我对这项工作充满热情。我在寻找一个出发点，来帮助自己预判市场变动。当然，这并不容易。

如今，回头再看这些初步的尝试，我便知道当初无法取得成果的原因所在。当时，我一心想投机，就想制定一种策略，寻找小规模的市场变动，整日买进卖出。这是错误的，幸亏我及时认识到了这一点。

我继续做行情记录，对它的价值深信不疑。功夫不负有心人，经过长期努力，行情记录中的秘密开始表现出来。行情记录无法帮助我追逐小规模的短期波动。但是，只要我保持耐心，时刻关注市场，就能发现即将到来的重大运动。从此以后，我决定忽略所有的微小运动。

后来，通过密切关注和研究行情记录，我终于意识到，如果正确判断即将到来的重大运动，时间要素非常重要。于是，我开始专心研究市场这方面的特性。我想找到一种识别较小波动的构成成分的方法。我相信，即使市场的趋势非常明显，也会有多次小规模的震荡。过去人们总是把它们弄混，但现在对我而言已经没有问题了。

自然的回撤行情或者自然的回升行情的初始阶段由什么构成？我准备查个明白。为此，我开始测算价格运动的幅度。起初，我计算的基本单位是1个点，后来改为2个点，以此类推，直到得到结论，了解到构成自然的回撤行情或者自然的回升行情初始阶段的波动幅度。

为了便于说明，我做了一种表格，排列出不同的列，以此来构成我所说的预测未来运动的图表。每一只股票的行情都占六列，价格按照规定分别记录在每一列内。这六列的标题分别是：第一列，次级回升；第二列，自然回升；第三列，上升趋势；第四列，下降趋势；第五列，自然回撤；第六列，次级回撤。

如果把价格记录在上升趋势这一栏，就用黑墨水填写。在其左面的两列，都用铅笔填写。如果把价格记录在下降趋势这一栏，就用红墨水填写。在其右侧的两列，也都用铅笔填写。

这样一来，不管我是把价格填在上升趋势这一列，还是写到下降趋势那一列，都能够清楚地了解当时的实际趋势。用墨水颜色来区分数据，一旦长期使用，它就会告诉你你想知道的东西。如果总是用铅笔记录行情，你看到的只不过是自然的震荡。

在我看来，当某只股票价格高于 30 美元时，只有当市场从极端点开始回升或回落了大概 6 个点后，才能说明市场正在形成自然的回升过程或回落过程。这一轮回升行情或者回落行情，并不能说明原先的市场趋势正在发生变化，只是表明市场正在经历一个自然的变化过程。市场趋势与回升或回落行情发生之前完全一致。

我认为，单只股票的动作并不能代表整个股票群的趋势变化。为了确认某个股票群的趋势已明确发生改变，我通过该股票群中两只股票的动作组合来构建整个股票群的运作标志，这就是组合价格。简单来说，就是把两只股票的价格运动相结合，就可以得出组合价格。我发现，单只股票有时可以形成相当大的价格运动，大到足以写入记录表中的上升趋势或下降趋势栏。但是，如果只考察一只股票，就可能会被假信号所迷惑。综合考察两只股票的运动情况，得出的结论才更有保障。因此，趋势改变信号需要从组合价格的变动上得到明确的验证。

接下来，我将详细说明组合价格的方法。一直以来，我严格坚持以 6 个点运动准则作为判断依据。你会注意到，在我下面列举的记录中，有时候美国钢铁的变化仅有 5 个点，伯利恒钢铁的相应变化则可能有 7 个点。在这种情况下，我也把美国钢铁的价格记录在相应栏目里。原因是，把两只股票的价格运动组合起来构成组合价格，两者之和达到了 12 个点或更多，这正是所需的适合幅度。

当运动幅度达到一个记录点时，也就是两只股票平均都运动了 6 个点的时候，自此后，我便在同一列中接着记录任意一天市场创造的新极端价格。换言之，在上升趋势的情况下，只要最新价格高于前一个记录值便列入记录；在下降趋势的情况下，只要最新价格低于前一个记录值也列入记录。这个过程一直持续，直至反向运动开始发生。当然，后面这个朝着相反方向的运动，也是基于同样的原则来认定的，即两只股票的反向运动幅度达到平均 6 个点、组合价格达到合计 12 个点的原则。

你会看出，从那时起我就没有偏离过这些点数。如果结果不是我想要的，也不找借口为自己开脱。切记，我在行情记录中写下的这些数字并不属于我个人。这些点是否让人满意，是由当日交易过程中的实际价格运动所决定的。

我的价格记录方式并不完美。经过多年的历练，我觉得自己已经接近了某一点，可以以这一点为基础来做行情记录。

从这些记录出发，我们就能够获得一张清晰的导航图，能为我们预判市场重大变动提供帮助。

机不可失，时不再来。毫无疑问，能否在股市取得成绩，取决于当行情记录发出行动信号时你表现出来的行动力。不能有任何的犹豫，你必须以此来训练自己的意志。如果你想得太多，或者需要有人给你信心，那么时机早就消失了。

举例说明，若干年前，正当股市前景大好的时候，欧洲战事爆发，整个市场都发生了自然的回撤。后来，除了钢铁类股票之外，那四个重要股票群里的所有股票都涨了回去，还创造了新的高度。在这种情况下，只要按照我的方法坚持做行情记录，任何人都会把注意力转移到钢铁类股票上来。此时此刻，必须找出充分的理由，才能解释钢铁类股票未能一同上涨的原因。然而，当时我并不知道这个理由，为此感到疑惑，以为无人能解释这种现象。但是，记录行情的人都能看得出来，钢铁类股票的表现说明了该群体的上升运动已经终结。

4 个月之后，1940 年 1 月中旬，随着有关事实得到公开，钢铁股的表现才算有了答案。有关方面发布了一则公告，当时的英国政府卖出了超过 10 万股美国钢铁公司股票，加拿大也卖出了 2 万股。这则公告发布时，美国钢铁的股价比 1939 年 9 月创造的最高价低了 26 个点，伯利恒钢铁则低了 29 个点。相比之下，其他 3 个显要股票群中的股票仅仅比它们和钢铁类股票同期达到的最高价位下降了 2 ～ 12 个点。

这个案例证明，在你应当买进或卖出某只股票时，先费劲找个“好理由”的做法是荒谬的。如果你一定要找到好理由再行动，往往会错失良机。投资者或投机者需要了解的唯一理由，就是市场表现。无论什么时候，只要市场的运动不太对劲，就足以让你立即改变自己的思路。切记，股票动作的背后，总有一定的理由。但直到未来某个时间，你才能了解这个理由，不过为时已晚，你已经无法再从中赚钱了。

我想要强调的是，如果你打算利用微小波动来做额外交易，那么我的准则对你没什么帮助。这套准则旨在捕捉重大市场运动，帮助正确判断重大行情的开始和结束。所以，如果你诚心遵循这套准则，就会发现它们的独到价值。另外，我还要补充说明一下，这套准则的适用对象为价格在30美元以上的活跃股，如果你研究的是低价股，应该对准则进行必要的调整。这套准则看似复杂，其实并不难。只要你感兴趣，愿意为之努力，就能理解和掌握它们。

第九章　关于行情记录的10条军规

无论何时，只要最新成交价格位于这些点附近，就应当十分谨慎地密切关注市场。你的决策取决于从此之后的价格记录。

规则一：

在上升趋势栏记录价格时，用黑墨水。

规则二：

在下降趋势栏记录价格时，用红墨水。

规则三：

在其他栏记录价格时，用铅笔。

规则四：

a. 在自然回撤栏记录数据时，第一天要在上升趋势栏最后一个数据下方画上一条红线。当市场下跌的幅度离上升趋势栏最后一个数字约 6 个点时，开始转换记录栏。

b. 在自然回升栏或上升趋势栏记录数据时，第一天要在自然回撤栏最后一个数据下面画上一条红线。当市场上涨，而且上涨幅度离自然回撤栏最后一个数字约 6 个点时，开始转换记录栏。

当下，你有两个关键点可以关注。考量市场在这两个关键点附近的表现，就可以形成自己对市场行情的判断。

c. 在自然回升栏记录数据时，第一天要在下降趋势栏最后一个数据下面画上一条黑线。当市场上涨，而且上涨幅度离下降趋势栏最后一个数字约 6 个点时，开始转换记录栏。

d. 在自然回撤栏或下降趋势栏记录数据时，第一天要在自然回升栏最后一个数据下面画上一条黑线。当市场下跌，而且下跌幅度离自然回升栏最后一个数字约 6 个点时，开始转换记录栏。

规则五：

a. 假如在自然回升栏记录数据，最新的价格比自然回升栏内用黑线标记的最后一个价格高 3 个点以上，那 100 么这个价格就应该用黑墨水记录在上升趋势栏内。

b. 假如在自然回撤栏记录数据，最新的价格比自然回撤栏内用红线标记的最后一个价格低 3 个点以上，那么这个价格就应该用红墨水记录在下降趋势栏内。

规则六：

a. 假如在上升趋势栏记录数据，刚发生的下跌幅度大约 6 个点，则转到自然回撤栏记录这些价格，此后每一天，只要该股票的价格低于自然回撤栏最后记录的价格，就继续在该栏记录。

b. 如果正在自然回升栏记录数据，新发生的回落过程达到了大约 6 个点的幅度，则转到自然回撤栏记录这些价格，此后每一天，只要该股票的价格低于自然回撤栏最新记录的价格，就继续在该栏记录数据。如果正在下降趋势栏记录价格，则只要新价格低于下降趋势栏内最后记录的价格，就继续在下降趋势栏记录。

c. 如果正在下降趋势栏记录数据，新发生的回升过程达到了大约6个点的幅度，则转到自然回升栏记录这些价格，此后每一天，只要该股票的价格高于自然回升101栏内最后记录的价格，就继续在该栏记录。

d. 如果正在自然回撤栏记录数据，新发生的回升过程达到了大约6个点的幅度，则转到自然回升栏记录这些数据，此后每一天，只要该股票的价格高于自然回升栏内最后记录的价格，就继续在该栏记录。如果正在上升趋势栏记录价格，则只要新的价格高于上升趋势栏内最后记录的价格，就继续在上升趋势栏记录。

e. 当你开始在自然回撤栏记录数据时，如果新的价格低于下降趋势栏内最后记录的数字，则应当将这个价格用红墨水记录在下降趋势栏内。

f. 与上述规则相同，当你开始在自然回升栏记录数据的时候，最新的价格高于上升趋势栏内最后记录的价格，则停止在自然回升栏的记录，将这个价格用黑墨水记录在上升趋势栏内。

g. 当你正在自然回撤栏记录数据时，一个回升过程幅度达到了距离自然回撤栏内最新记录的数据大约 6 个点——但是，这个价格并没有向上超过自然回升栏内最后记录的价格——就应当将这个价格记录在次级回升栏，此后始终在该栏记录，直到最新成交价格向上超越 102 了自然回升栏内最后记录的数据。当后面这种情况发生时，就应当重新转到自然回升栏记录数据。

h. 如果正在自然回升栏记录数据，一个回落过程达到了大约 6 个点的幅度，但是回落行情所及的价格并不低于自然回撤栏中最后记录的数字，就应当将这个价格记录到次级回撤栏内，此后始终在该栏记录，直到最新成交价低于自然回撤栏内最后记录的价格。当后面这种情况发生时，就应当重新转到自然回撤栏记录数据。

规则七：

同样原则也适用于记录组合价格。不过这里以 12 个点作为基础，而在单个股票情况下以 6 个点为准。

规则八：

一旦在自然回升栏或者自然回撤栏开始记录，则下降趋势栏或上升趋势栏中最后记录的价格立即成为关键点。在一段上升行情或回落行情结束后，我们在相反的栏目中重新开始记录数据，此时，先前栏目中记录的极端价格就成为另一个关键点。

正是在上述两个关键点形成后，这些行情记录具有了极大价值，可以帮助你正确预测下一轮重大运动。这些关键点的下方标有两道红色或黑色墨水线，以吸引你的注意力。标注这些线的目的很明确，就是要将这些点始终放在你眼前，无论何时，只要最新成交价格位于这些点附近，就应当十分谨慎地密切关注市场。你的决策取决于从此之后的价格记录。

规则九：

a. 当你在下降趋势栏看到用红墨水记录的最后价格下方标注了黑色线时，你也许会在该点附近得到买进信号。

b. 如果在自然回升栏看到某个价格下方标注了黑色线，那么当该股票在下一轮上升过程中接近了该关键点价位时，正是发现市场到底是否足够坚挺、是否能够明确改变路线进入上升趋势的时机。

c. 反之亦然。当你在上升趋势栏看到用黑墨水记录的最后价格下方标有红线时，或者当你在自然回撤栏看到最后价格下方标有红线时，同样的道理也适用，只是方向相反。

规则十：

a. 打造这套法则的目的是让我们有能力分辨，当某只股票首次出现自然回升或自然回撤现象后，其后续动作到底是否属于原趋势状态的应有表现方式。如果原先的是市场运动将以明确的方式恢复，则不论上升还是下降，市场都会穿越先前的关键点。对于单只股票来说，穿越的幅度应为 3 个点；在组合价格的情况下，穿越幅度应为 6 个点。

b. 在上升趋势的情况下，如果该股票未能做到这一点，并且在一轮回落行情中，下跌到最新关键点（记录在上升趋势栏内，数字下方标有红线）之下 3 个点或更多，则可能表明该股票的上升趋势已经结束。

c. 将上述原则应用到下降趋势中，如果下降趋势将以明确的方式恢复，则在一轮自然回升行情结束后，新价格必须向下伸展到最新关键点（数字下方标有黑线）之下 3 个点或更多，新价格将记录在下降趋势栏内。

d. 如果该股票未能做到这一点，并且在一轮回升行情中，市场上升到最新关键点（记录在下降趋势栏内，数字下方标有黑线）之上3个点或更多，则可能表明该股票的下降趋势已经结束。

e. 如果正在自然回升栏记录数据，但当前上升行情在上升趋势栏最新关键点（其下方标有红线）之下、接近该关键点的价位中止，并且该股票从这一点开始向下回落3个点或更多，则构成一个危险信号，表明该股票的上升趋势可能已经结束。

f. 如果正在自然会回撤栏记录数据，但当前回落行情在下降趋势栏最新关键点（其下方标有黑线）之上、接近该关键点的价位中止，并且该股票从这一点开始向上回升3个点或更多，则构成一个危险信号，表明该股票的下降趋势可能已经结束。

附录　利弗莫尔操盘图解

表一

日期	次级回升	自然回升	上涨趋势	下跌趋势	自然回调	次级回调	次级回升	自然回升	上涨趋势	下跌趋势	自然回调	次级回调	次级回升	自然回升	上涨趋势	下跌趋势	自然回调	次级回调
		$65\frac{3}{4}$							57						$122\frac{3}{4}$			
				$48\frac{1}{2}$							*$43\frac{3}{4}$*					$91\frac{3}{4}$		
		$62\frac{1}{2}$							*$65\frac{7}{8}$*						128		*$98\frac{3}{4}$*	
				$48\frac{1}{4}$							*$50\frac{1}{4}$*							
1938年								*$56\frac{7}{8}$*										
			美国钢铁						伯利恒钢铁						关键价格			
3月23日				47								*$50\frac{1}{4}$*					*$97\frac{1}{4}$*	
24																		
25				$44\frac{3}{4}$						$46\frac{3}{4}$						$91\frac{1}{2}$		
26♦				44						46						90		
28				$43\frac{5}{8}$												$89\frac{5}{8}$		
29				$39\frac{5}{8}$						43						$82\frac{5}{8}$		
30				39						$42\frac{1}{8}$						$81\frac{1}{8}$		
31				38						40						78		
4月1日								*$46\frac{5}{8}$*						*$89\frac{7}{8}$*				
2♦		*$63\frac{1}{2}$*																
4																		
5																		
6																		
7																		
8																		
9♦		*$46\frac{1}{2}$*						*$49\frac{3}{4}$*						*$96\frac{1}{4}$*				
11																		
12																		
13		*$47\frac{1}{4}$*												*97*				
14		*$47\frac{1}{2}$*												*$97\frac{1}{4}$*				
16♦		*49*						*52*						*101*				
18																		
19																		
20																		
21																		
22																		
23♦																		
25																		
26																		
27																		
28					*43*													
29					*$42\frac{3}{8}$*						*45*						*$87\frac{3}{8}$*	
30♦																		
5月2日					*$41\frac{1}{2}$*						*$44\frac{1}{4}$*						*$85\frac{3}{4}$*	
3																		
4																		

说明：标有♦的日期代表星期六，斜体代表铅笔记录的数字。

表二

日期	次级回升	自然回升	上涨趋势	下跌趋势	自然回调	次级回调	次级回升	自然回升	上涨趋势	下跌趋势	自然回调	次级回调	次级回升	自然回升	上涨趋势	下跌趋势	自然回调	次级回调
				38						40						78		
		49						*53*						*101*				
1938年					*41 1/2*						*44 1/4*						*85 3/4*	
			美国钢铁						伯利恒钢铁						关键价格			
5月5日																		
6																		
7♦																		
9																		
10																		
11																		
12																		
13																		
14♦																		
16																		
17																		
18																		
19																		
20																		
21♦																		
23											*44 1/4*						*85 3/4*	
24											*43 1/2*						*85*	
25					*41 3/4*						*42 1/2*						*83 7/5*	
26					*40 1/3*						*40 1/2*						*80 3/4*	
27					*39 7/3*					39 3/4							*79 5/5*	
28♦																	*79*	
31					*39 1/4*													
6月1日																		
2																		
3																		
4♦																		
6																		
7																		
8																		
9																		
10							46 1/2											
11♦																		
13																		
14																		
15																		
16																		

说明：标有♦的日期代表星期六，斜体代表铅笔记录的数字。

表三

日期	次级回升	自然回升	上涨趋势	下跌趋势	自然回调	次级回调	次级回升	自然回升	上涨趋势	下跌趋势	自然回调	次级回调	次级回升	自然回升	上涨趋势	下跌趋势	自然回调	次级回调
				38						40						78		
		49						*52*						*101*				
					$39\frac{1}{4}$					$39\frac{3}{4}$							*79*	
1938年							*$46\frac{1}{2}$*											
			美国钢铁						伯利恒钢铁						关键价格			
6月17日																		
18♦																		
20	*$45\frac{3}{4}$*						*$48\frac{1}{4}$*						*$93\frac{3}{3}$*					
21	*$46\frac{1}{2}$*						*$49\frac{7}{5}$*						*$96\frac{3}{8}$*					
22	*$48\frac{1}{2}$*						*$50\frac{7}{2}$*						*$99\frac{3}{8}$*					
23		*$51\frac{1}{4}$*						*$53\frac{1}{4}$*						*$104\frac{1}{2}$*				
24			$53\frac{3}{4}$						$55\frac{1}{8}$						$108\frac{7}{8}$			
25♦			$54\frac{7}{8}$						$58\frac{1}{8}$						113			
27																		
28																		
29			$56\frac{7}{8}$						$60\frac{1}{8}$						117			
30			$58\frac{3}{8}$						$61\frac{1}{8}$						120			
7月1日			59												$120\frac{5}{8}$			
2			$60\frac{7}{8}$						$62\frac{1}{2}$						$123\frac{3}{8}$			
5																		
6																		
7			$61\frac{3}{4}$												$124\frac{1}{4}$			
8																		
9																		
11					*$55\frac{5}{5}$*						*$56\frac{3}{4}$*						*$112\frac{3}{3}$*	
12					*$55\frac{1}{2}$*												*$112\frac{1}{4}$*	
13																		
14																		
15																		
16																		
18																		
19			$62\frac{3}{8}$							$63\frac{1}{8}$					$125\frac{1}{2}$			
20																		
21																		
22																		
23♦																		
25			$63\frac{1}{4}$												$126\frac{3}{8}$			
26																		
27																		
28																		
29																		

说明：标有♦的日期代表星期六，斜体代表铅笔记录的数字。

表四

日期	次级回升	自然回升	上涨趋势	下跌趋势	自然回调	次级回调	次级回升	自然回升	上涨趋势	下跌趋势	自然回调	次级回调	次级回升	自然回升	上涨趋势	下跌趋势	自然回调	次级回调
			$61\frac{3}{4}$						$62\frac{1}{2}$						$124\frac{1}{4}$			
					$53\frac{1}{3}$						$56\frac{3}{4}$						$112\frac{1}{4}$	
			$63\frac{1}{4}$						$63\frac{1}{8}$						$126\frac{3}{8}$			
1938年																		
			美国钢铁						伯利恒钢铁						关键价格			
7月30日♦																		
8月1日																		
2																		
9																		
4																		
5																		
6♦																		
8																		
9																		
10																		
11																		
12						$56\frac{3}{5}$					$54\frac{7}{8}$						$111\frac{1}{2}$	
13♦						$56\frac{1}{2}$					$54\frac{3}{4}$						$111\frac{1}{4}$	
15																		
16																		
17																		
18																		
19																		
20♦																		
22																		
23																		
24		$61\frac{3}{3}$						$61\frac{3}{4}$						123				
25																		
26		$61\frac{7}{4}$						$61\frac{1}{2}$						$123\frac{3}{5}$				
27♦																		
29						$56\frac{1}{2}$						55				—		
30																		
31																		
9月1日																		
2																		
3♦																		
6																		
7																		
8																		
9																		
10♦																		

说明：标有♦的日期代表星期六，斜体代表铅笔记录的数字。

表五

日期	次级回升	自然回升	上涨趋势	下跌趋势	自然回调	次级回调	次级回升	自然回升	上涨趋势	下跌趋势	自然回调	次级回调	次级回升	自然回升	上涨趋势	下跌趋势	自然回调	次级回调
			63 1/4						63 1/8						126 3/8			
					55 1/2						*54 3/3*						*111 1/4*	
		61 7/4						*61 1/2*						*123 3/4*				
1938年						*56 1/8*						55						
			美国钢铁						伯利恒钢铁						关键价格			
9月12日♦																		
13					*54 1/4*						*53 3/3*						*107 7/3*	
14				52							*52 1/2*					104 1/2		
15																		
16																		
17♦																		
19																		
20		*57 5/8*						*58 1/4*										
21		*58*																
22														*116 1/4*				
23																		
24♦				51 7/8							*52*					103 7/8		
26				51 1/8							*51 1/4*					102 3/8		
27																		
28				50 7/8							*51*					101 7/8		
29	*57 1/8*						*57 3/4*						*114 7/8*					
30		*59 1/4*						*59 1/2*						*118 3/4*				
10月1日♦		*60 1/4*						*60*						*120 1/4*				
3		*60 3/8*						*60 3/8*						*120 3/4*				
4																		
5			62					*62*							124			
6			63					*63*							126			
7																		
8♦			64 1/4						64						128 1/4			
10																		
11																		
13			65 3/8						65 1/8						130 1/2			
14																		
15♦																		
17																		
18																		
19																		
20																		
21																		
22♦			65 7/8						67 1/2							133 3/8		
24			66													133 1/2		

说明：标有♦的日期代表星期六，斜体代表铅笔记录的数字。

表六

日期	次级回升	自然回升	上涨趋势	下跌趋势	自然回调	次级回调	次级回升	自然回升	上涨趋势	下跌趋势	自然回调	次级回调	次级回升	自然回升	上涨趋势	下跌趋势	自然回调	次级回调
1938年			66						$67\frac{1}{2}$						$133\frac{1}{2}$			
			美国钢铁						伯利恒钢铁						关键价格			
10月25日			$66\frac{1}{8}$						$67\frac{7}{8}$						134			
26																		
27			$66\frac{1}{2}$						$68\frac{7}{8}$						$135\frac{3}{8}$			
28																		
29♦																		
31																		
11月1日									69						$135\frac{1}{2}$			
2																		
3									$69\frac{1}{2}$						136			
4																		
5♦																		
7			$66\frac{3}{4}$						$71\frac{7}{8}$						$138\frac{5}{8}$			
9			$69\frac{1}{2}$						$75\frac{3}{8}$						$144\frac{7}{8}$			
10			70						$75\frac{1}{2}$						$145\frac{1}{2}$			
12♦			$71\frac{1}{4}$						$77\frac{5}{8}$						$145\frac{7}{8}$			
14																		
15																		
16																		
17																		
18					*$65\frac{1}{4}$*						*$71\frac{7}{2}$*						*137*	
19♦																		
21																		
22																		
23																		
25																		
26♦					*$63\frac{1}{4}$*						*$71\frac{1}{2}$*						*$134\frac{3}{4}$*	
28					*61*						*$66\frac{3}{4}$*						*$129\frac{3}{4}$*	
29																		
30																		
12月1日																		
2																		
3♦																		
5																		
6																		
7																		
8																		

说明：标有♦的日期代表星期六，斜体代表铅笔记录的数字。

表七

日期	次级回升	自然回升	上涨趋势	下跌趋势	自然回调	次级回调	次级回升	自然回升	上涨趋势	下跌趋势	自然回调	次级回调	次级回升	自然回升	上涨趋势	下跌趋势	自然回调	次级回调
			$71\frac{1}{4}$						$77\frac{6}{8}$						$148\frac{7}{8}$			
					61						$68\frac{3}{4}$						*$129\frac{3}{4}$*	
1938年																		
			美国钢铁						伯利恒钢铁						关键价格			
12月9日																		
10♦																		
12																		
13																		
14		*$66\frac{5}{8}$*						*$75\frac{1}{4}$*						*$141\frac{7}{5}$*				
15		*$67\frac{1}{8}$*						*$76\frac{3}{3}$*						*$143\frac{1}{3}$*				
16																		
17♦																		
19																		
20																		
21																		
22																		
23																		
24♦																		
27																		
28		*$67\frac{3}{4}$*							78					*$145\frac{3}{4}$*				
29																		
30																		
31♦																		
1939年 1月3日																		
4		*70*							80							150		
5																		
6																		
7♦																		
9																		
10																		
11																		
12						*$62\frac{5}{4}$*												
13													*$73\frac{3}{4}$*					
14♦													*$71\frac{1}{2}$*					*$134\frac{1}{3}$*
16																		
17																		
18																		
19																		
20																		
21♦						*62*							*$69\frac{1}{2}$*					*$131\frac{1}{2}$*

说明：标有♦的日期代表星期六，斜体代表铅笔记录的数字。

表八

日期	次级回升	自然回升	上涨趋势	下跌趋势	自然回调	次级回调	次级回升	自然回升	上涨趋势	下跌趋势	自然回调	次级回调	次级回升	自然回升	上涨趋势	下跌趋势	自然回调	次级回调
			$71\frac{1}{4}$						$77\frac{5}{8}$						$148\frac{7}{8}$			
					61						*$68\frac{1}{3}$*						*$129\frac{3}{4}$*	
		70							*80*						*150*			
1939年						*62*						*$69\frac{1}{2}$*						*$131\frac{1}{2}$*
			美国钢铁						伯利恒钢铁						关键价格			
1月23日				$57\frac{7}{8}$						$63\frac{3}{4}$						$121\frac{5}{8}$		
24				$56\frac{1}{2}$						$63\frac{1}{4}$						$119\frac{3}{4}$		
25				$55\frac{5}{8}$						63						$118\frac{5}{8}$		
26				$53\frac{1}{4}$						$60\frac{1}{4}$						$113\frac{1}{2}$		
27																		
28♦																		
30																		
31		*$59\frac{1}{2}$*						*$68\frac{1}{2}$*						*128*				
2月1日																		
2		*60*												*$128\frac{1}{2}$*				
3																		
4♦		*$60\frac{5}{8}$*						*69*						*$129\frac{5}{8}$*				
6								*$69\frac{7}{8}$*						*$130\frac{3}{4}$*				
7																		
8																		
9																		
10																		
11♦																		
14																		
15																		
16								*$70\frac{3}{4}$*						*$131\frac{5}{4}$*				
17		*$61\frac{1}{6}$*						*$71\frac{1}{4}$*						*$132\frac{3}{8}$*				
18♦		*$61\frac{1}{4}$*												*$132\frac{1}{2}$*				
20																		
21																		
23																		
24		*$62\frac{1}{4}$*						*$72\frac{3}{8}$*						*$134\frac{3}{8}$*				
25♦		*$63\frac{3}{4}$*						*$74\frac{3}{4}$*						*$138\frac{1}{2}$*				
27																		
28		*$64\frac{3}{4}$*						*75*						*$139\frac{3}{4}$*				
3月1日																		
2																		
3		*$64\frac{7}{8}$*						*$75\frac{1}{4}$*						*140*				
4♦								*$75\frac{1}{2}$*						*$140\frac{3}{4}$*				
6																		
7																		

说明：标有♦的日期代表星期六，斜体代表铅笔记录的数字。

表九

日期	次级回升	自然回升	上涨趋势	下跌趋势	自然回调	次级回调	次级回升	自然回升	上涨趋势	下跌趋势	自然回调	次级回调	次级回升	自然回升	上涨趋势	下跌趋势	自然回调	次级回调
				$53\frac{1}{4}$						$60\frac{1}{4}$						$113\frac{1}{2}$		
1939 年		*$64\frac{7}{3}$*						*$75\frac{1}{1}$*						*$140\frac{3}{8}$*				
			美国钢铁						伯利恒钢铁						关键价格			
3 月 8 日		*65*												*$140\frac{1}{2}$*				
9		*$65\frac{1}{2}$*						*$75\frac{7}{4}$*						*$141\frac{3}{4}$*				
10																		
11♦																		
13																		
14																		
15																		
16					*$59\frac{3}{4}$*						*$69\frac{1}{4}$*						*$128\frac{7}{8}$*	
17					*$56\frac{3}{4}$*						*$66\frac{3}{4}$*						*$123\frac{1}{2}$*	
18♦					*$54\frac{3}{4}$*						*65*						*$119\frac{3}{4}$*	
20																		
21																		
22					*$53\frac{1}{2}$*						*$63\frac{5}{8}$*						*$117\frac{1}{8}$*	
23																		
24																		
25♦																		
27																		
28																		
29																		
30				$52\frac{1}{8}$							*62*						$114\frac{1}{8}$	
31				$49\frac{7}{8}$						$58\frac{3}{4}$						$108\frac{5}{8}$		
4 月 1 日♦																		
3																		
4				$48\frac{1}{4}$						$57\frac{5}{8}$						$105\frac{7}{8}$		
5																		
6				$47\frac{1}{4}$						$55\frac{1}{2}$						$102\frac{3}{4}$		
8♦				$44\frac{7}{8}$						$52\frac{1}{2}$						$97\frac{3}{8}$		
10																		
11				$44\frac{3}{8}$						$51\frac{5}{8}$						96		
12																		
13																		
14																		
15♦		*50*						*$58\frac{1}{2}$*						*$108\frac{1}{2}$*				
17																		
18																		
19																		

说明：标有♦的日期代表星期六，斜体代表铅笔记录的数字。

表十

日期	次级回升	自然回升	上涨趋势	下跌趋势	自然回调	次级回调	次级回升	自然回升	上涨趋势	下跌趋势	自然回调	次级回调	次级回升	自然回升	上涨趋势	下跌趋势	自然回调	次级回调
				$44\frac{3}{8}$						$51\frac{5}{8}$						96		
1939年		*50*						*$58\frac{1}{2}$*						*$108\frac{1}{2}$*				
			美国钢铁						伯利恒钢铁						关键价格			
4月20日																		
21																		
22♦																		
24																		
25																		
26																		
27																		
28																		
29♦																		
5月1日																		
2																		
3																		
4																		
5																		
6♦																		
8																		
9																		
10																		
11																		
12																		
13																		
15																		
16																		
17					*$44\frac{3}{8}$*						52						*$96\frac{5}{8}$*	
18				$43\frac{1}{4}$												$95\frac{1}{4}$		
19										—						$94\frac{7}{8}$		
20♦																		
22																		
23																		
24																		
25	*$48\frac{3}{4}$*						*$57\frac{3}{4}$*						*$106\frac{1}{2}$*					
26	*49*						*58*						*107*					
27♦	*$49\frac{3}{4}$*							—					*$107\frac{7}{8}$*					
29		*$50\frac{1}{4}$*						*$59\frac{3}{8}$*						*$109\frac{5}{8}$*				
31		*$50\frac{7}{4}$*						*60*						*$110\frac{7}{8}$*				
6月1日																		

说明：标有♦的日期代表星期六，斜体代表铅笔记录的数字。

表十一

日期	次级回升	自然回升	上涨趋势	下跌趋势	自然回调	次级回调	次级回升	自然回升	上涨趋势	下跌趋势	自然回调	次级回调	次级回升	自然回升	上涨趋势	下跌趋势	自然回调	次级回调
				$44\frac{3}{8}$						$51\frac{5}{8}$						96		
		50						*$58\frac{1}{2}$*						*$108\frac{1}{2}$*				
				$43\frac{1}{4}$												$94\frac{7}{8}$		
1939年		*$50\frac{7}{4}$*						*60*						*$110\frac{7}{8}$*				
			美国钢铁						伯利恒钢铁						关键价格			
6月2日																		
3♦																		
5																		
6																		
7																		
8																		
9																		
10♦																		
12																		
13																		
14																		
15																		
16											*54*							
17♦																		
19																		
20																		
21																		
22																		
23																		
24♦																		
26																		
27																		
28					*45*						*$52\frac{1}{2}$*					*$97\frac{1}{2}$*		
29					*$43\frac{3}{4}$*					51					$94\frac{3}{4}$			
30					*$43\frac{5}{8}$*					$50\frac{1}{4}$					$93\frac{7}{8}$			
7月1日♦																		
3																		
5																		
6																		
7																		
8♦																		
10																		
11																		
12																		
13	*$48\frac{1}{4}$*							*$57\frac{1}{4}$*						*$102\frac{1}{2}$*				
14																		

说明：标有♦的日期代表星期六，斜体代表铅笔记录的数字。

表十二

日期	次级回升	自然回升	上涨趋势	下跌趋势	自然回调	次级回调	次级回升	自然回升	上涨趋势	下跌趋势	自然回调	次级回调	次级回升	自然回升	上涨趋势	下跌趋势	自然回调	次级回调
				43 1/4						51 5/8						94 7/8		
		50 7/3						*60*						*110 7/8*				
					43 3/8					50 1/4						93 7/8		
1939年	*48 1/4*						*57 1/4*						*105 1/2*					
			美国钢铁						伯利恒钢铁						关键价格			
7月15日♦																		
17	*50 3/4*							*60 3/4*						*111 1/4*				
18		*51 7/8*						*62*						*113 7/8*				
19																		
20																		
21		*52 1/2*							63					*115 1/2*				
22♦			*54 1/8*						65						*119 1/8*			
24																		
25			*55 1/8*						65 3/4						120 7/8			
26																		
27																		
28																		
29♦																		
31																		
8月1日																		
2																		
3																		
4					*49 1/2*						*59 1/2*						*109*	
5♦																		
7					*49 1/4*												*108 3/4*	
8																		
9											*59*						*108 1/4*	
10					*47 3/4*						*58*						*105 3/4*	
11					*47*												*105*	
12♦																		
14																		
15																		
16																		
17					*46 1/2*												*104 1/2*	
18					*45*						*55 1/4*						*100 1/4*	
19♦																		
21					*43 3/8*						*55 3/4*						*96 3/4*	
22																		
23				42 5/8													*96*	
24				41 5/8							*51 7/8*					93 1/2		
25																		

说明：标有♦的日期代表星期六，斜体代表铅笔记录的数字。

表十三

日期	次级回升	自然回升	上涨趋势	下跌趋势	自然回调	次级回调	次级回升	自然回升	上涨趋势	下跌趋势	自然回调	次级回调	次级回升	自然回升	上涨趋势	下跌趋势	自然回调	次级回调
				$43\frac{1}{4}$						$50\frac{1}{4}$						$93\frac{7}{8}$		
			$55\frac{1}{8}$						$65\frac{3}{4}$						$120\frac{7}{8}$			
1939年				$41\frac{5}{8}$							$51\frac{7}{4}$					$93\frac{1}{2}$		
			美国钢铁						伯利恒钢铁						关键价格			
8月26日♦																		
28																		
29		*48*						*$60\frac{1}{2}$*						*$108\frac{1}{2}$*				
30																		
31																		
9月1日		*52*						*$65\frac{1}{1}$*						*$117\frac{1}{2}$*				
2♦			$55\frac{1}{4}$						7038						$125\frac{5}{8}$			
5			$66\frac{7}{8}$						8512						$152\frac{3}{8}$			
6																		
7																		
8			$69\frac{3}{4}$						87						$156\frac{3}{4}$			
9♦			70						$88\frac{3}{4}$						$158\frac{3}{4}$			
11			$78\frac{5}{8}$						100						$182\frac{3}{4}$			
12			$82\frac{5}{8}$															
13																		
14					*$76\frac{3}{4}$*						*$91\frac{3}{4}$*						*$168\frac{1}{4}$*	
15																		
16♦					*$75\frac{1}{2}$*						*$88\frac{3}{4}$*						*$163\frac{7}{4}$*	
18					*$70\frac{1}{2}$*						*$83\frac{3}{4}$*						*$154\frac{1}{4}$*	
19		*78*						*$92\frac{1}{3}$*						*$170\frac{3}{8}$*				
20		*$80\frac{5}{8}$*						*$95\frac{6}{1}$*						*$176\frac{1}{4}$*				
21																		
22																		
23♦																		
25																		
26																		
27																		
28						*$75\frac{1}{2}$*						*89*						*$164\frac{1}{4}$*
29						*$73\frac{1}{2}$*						*$86\frac{3}{4}$*						*$160\frac{1}{4}$*
30♦																		
10月2日																		
3																		
4						*73*						*$86\frac{1}{4}$*						*$159\frac{1}{4}$*
5																		
6	*$78\frac{1}{2}$*						*$92\frac{3}{4}$*						*$171\frac{1}{4}$*					
7♦																		

说明：标有♦的日期代表星期六，斜体代表铅笔记录的数字。

表十四

日期	次级回升	自然回升	上涨趋势	下跌趋势	自然回调	次级回调	次级回升	自然回升	上涨趋势	下跌趋势	自然回调	次级回调	次级回升	自然回升	上涨趋势	下跌趋势	自然回调	次级回调
			$82\frac{3}{4}$						100						$182\frac{3}{4}$			
					$70\frac{1}{2}$						*$83\frac{3}{4}$*						*$154\frac{1}{4}$*	
		$80\frac{3}{6}$						*$95\frac{3}{8}$*						*$176\frac{1}{4}$*				
						73						*$86\frac{1}{4}$*						*$159\frac{1}{4}$*
1939年	$78\frac{1}{2}$						*$92\frac{3}{4}$*						*$171\frac{1}{4}$*					
			美国钢铁						伯利恒钢铁						关键价格			
10月9日																		
10																		
11																		
13																		
14♦																		
16																		
17	*$78\frac{7}{8}$*						*$93\frac{7}{8}$*						*$172\frac{3}{4}$*					
18	*$79\frac{1}{4}$*												*$173\frac{1}{2}$*					
19																		
20																		
21																		
23																		
24																		
25																		
26																		
27																		
28♦																		
30																		
31																		
11月1日																		
2																		
3						*$72\frac{1}{2}$*												
4♦																		
6																		
8						*$72\frac{1}{4}$*						*$86\frac{1}{4}$*						*$158\frac{1}{4}$*
9					—						*$83\frac{1}{4}$*						*$154\frac{3}{4}$*	
10					*$68\frac{3}{4}$*						*$81\frac{3}{4}$*						*$150\frac{1}{2}$*	
13																		
14																		
15																		
16																		
17																		
18♦																		
20																		
21																		
22																		

说明：标有♦的日期代表星期六，斜体代表铅笔记录的数字。

表十五

日期	次级回升	自然回升	上涨趋势	下跌趋势	自然回调	次级回调	次级回升	自然回升	上涨趋势	下跌趋势	自然回调	次级回调	次级回升	自然回升	上涨趋势	下跌趋势	自然回调	次级回调
			$82\frac{3}{4}$						100						*$182\frac{3}{4}$*			
					$70\frac{1}{2}$						*$83\frac{3}{4}$*						*$154\frac{1}{4}$*	
		$80\frac{3}{4}$						*$95\frac{3}{8}$*						*$176\frac{1}{4}$*				
1939年					$68\frac{3}{4}$						*$81\frac{3}{4}$*						*$150\frac{1}{2}$*	
			美国钢铁						伯利恒钢铁						关键价格			
11月24日				$66\frac{7}{8}$							81					$147\frac{7}{8}$		
25♦										$80\frac{3}{4}$						$147\frac{5}{8}$		
27																		
28																		
29				$65\frac{7}{8}$						$78\frac{1}{8}$						144		
30				$63\frac{5}{8}$						77						$140\frac{5}{8}$		
12月1日																		
2♦																		
4																		
5																		
6																		
7		*$69\frac{3}{4}$*						*84*						*$153\frac{3}{4}$*				
8																		
9♦																		
11																		
12																		
13																		
14								*$84\frac{7}{8}$*						*$154\frac{5}{4}$*				
15																		
16♦																		
18																		
19																		
21																		
20																		
22																		
23																		
26																		
27																		
28																		
29																		
30♦																		
1940年 1月2日																		
3																		
4																		
5																		
6♦																		

说明：标有♦的日期代表星期六，斜体代表铅笔记录的数字。

表十六

日期	次级回升	自然回升	上涨趋势	下跌趋势	自然回调	次级回调	次级回升	自然回升	上涨趋势	下跌趋势	自然回调	次级回调	次级回升	自然回升	上涨趋势	下跌趋势	自然回调	次级回调
				$63\frac{3}{8}$												$140\frac{5}{8}$		
1940 年		*$63\frac{3}{4}$*						*$84\frac{7}{8}$*						*$154\frac{3}{4}$*				
			美国钢铁						伯利恒钢铁						关键价格			
1 月 8 日																		
9					*$64\frac{1}{4}$*						*$78\frac{1}{2}$*						*$142\frac{3}{4}$*	
10					*$63\frac{3}{4}$*												*$142\frac{1}{4}$*	
11				62						$76\frac{1}{2}$						$138\frac{1}{2}$		
12				$60\frac{1}{8}$						$74\frac{1}{8}$						$134\frac{1}{4}$		
13♦				$59\frac{3}{8}$						$73\frac{1}{2}$						$133\frac{1}{8}$		
15				$57\frac{1}{2}$						72						$129\frac{1}{2}$		
16																		
17																		
18				$56\frac{7}{8}$						$71\frac{1}{2}$						$128\frac{3}{8}$		
19										71						$127\frac{7}{8}$		
20♦																		
22				$55\frac{7}{8}$						$70\frac{1}{8}$						126		
23																		
24																		
25																		
26																		
27																		
29																		
30																		
31																		
2 月 1 日																		
2																		
3♦																		
5																		
6																		
7								*$76\frac{3}{8}$*										
8		*61*						*78*						*139*				
9		*$61\frac{3}{4}$*						*$79\frac{1}{2}$*						*$141\frac{1}{4}$*				
10♦																		
13																		
14																		
15																		
16					*$56\frac{1}{4}$*													
17♦																		
19																		

说明：标有♦的日期代表星期六，斜体代表铅笔记录的数字。